猶太媽媽不買玩具

猶太媽媽教孩子獨立思考、問問題，有自己的主張

郭銀京／著

推薦文

豐碩的一課：我看《猶太媽媽不買玩具》有感

親職作家／兒文工作者——張美蘭（小熊媽）

我對猶太教養，一直很有興趣。外子在美國的指導教授，就是一位優秀的猶太裔人士。猶太人在世界上顛沛流離的歷史，大家也都聽聞過，但是，他們卻有無數優秀人才在世界發光發熱，也是事實。

世界上的猶太人雖少，卻出現了很多優秀的人物。例如：愛因斯坦、佛洛伊德、史蒂芬．史匹柏、馬克．祖克柏、賈伯斯，這些世人尊敬讚賞的天才級人物，都有一個共同點：他們都是猶太人！

這一切，要歸功於猶太人對孩子的教育，有獨到之處。

我曾受邀推薦過《提問與討論的教育奇蹟》，本書也有志一同地點出：猶太教育能在世界上養出優秀人才的原因，其一是「哈柏露塔」！

哈柏露塔，就是兩人一組，一個提問、一個回答所進行的討論或辯論。重要的是，不是只有當孩子是學生的時候如此做，從猶太人出生之前的胎教，到臨終為止，猶太人的文化都由哈柏露塔相連著；透過提出和回答問題的討論方式，培養出猶太孩子獨立思考的能力。

本書作者，雖是一位韓國的母親，但是她有在美國實際的經驗：孩子在猶太幼兒園受教育，讓她本人也同時經歷了震撼教育！十分有說服力。看完本書，我有幾個感想：

1. 在猶太幼兒園開始學習二十二個希伯來字母的第一堂課，就是用手指沾蜂蜜來寫下字母，讓孩子品嘗，所以孩子會有：學習像蜂蜜一樣甜美的想法！這是一種「慎始」的概念，值得學習。

2. 我們常認為孩子畢業進入工作場所後，父母的職責也告一段落了。但是猶太人認為，父母該扮演的角色是終其一生的，父母必須要以終身學習的態度來磨練自己！

不管多大年紀，不要依賴孩子，要一輩子扮演好父母的角色。

3. 猶太人有句諺語：沉默的孩子無法學習！猶太人口中最常出現的兩個問題是：「你的想法是什麼？」、「為什麼這樣想呢？」——而這可能是台灣老師與家長最不常問的兩個問題！台灣與韓國一樣：學生讀書的時間相當長，被逼得用功，但是卻只教出一堆不會獨立思考的考試機器而已。

4. 猶太父母會明確教育孩子，世界上很多事情都無法隨心所欲。孩子要學會忍耐與克服困難，並把困難視為生活理所當然的一部分。

5. 猶太父母會教育孩子：失敗，就像幫未來買保險一樣！因為孩子小，本來就可能犯錯，比起長大後鑄下大錯好！猶太父母不怕孩子犯錯，就怕孩子失去獨立思考與自我表達的能力。

6. 猶太裔諾貝爾和平獎得獎人艾利．維瑟爾曾表示：「冷漠導致人類在實際死亡之前，已經死亡……在人類必須承受痛苦與屈辱之際，我永遠不會沉默。我們必須明確表態，中立只會幫助壓迫者，對受害者毫無助益；沉默賦予惡霸權力，並且不會給受苦者帶來力量！」

本書充滿許多猶太教育的智慧，不只是討論買不買玩具給孩子而已……推薦給有志父母參考、省思。

給中文讀者的話

對我而言，台灣可說是一個相當特別的國家。由於我們全家陪著我先生去美國留學，所以在當地結交了許多來自台灣的朋友。他們每個人都很熱情，讓人感覺格外親切，每次與他們交談時，我幾乎都忘了時間的流逝。其中有一位陳姓友人與我兒子俊宇相當要好，他們家對於我們總是十分關懷，是我非常珍惜的一段緣份。當我聽到自己的書即將在台灣出版，得知台灣友人能夠讀到這本書時，心情真是雀躍不已。不久前，我看到台灣朋友寄來他們暑假期間回台灣度假的照片後，就對台灣之美心生嚮往。身為作者，我很榮幸能夠在這個美麗、親切與自由的國度，出版這本書。

本書的內容是關於我在美國的猶太人教育環境中，養育兒子所經歷和體會到的一些事情。當時，我認識了許多猶太朋友，發現到他們也會犯錯，也有例外的情形，而且每個人都有不同的教育觀。但是，我的猶太朋友全都有獨到而清晰的教育理念。偶爾，甚至有著讓人覺得是冥頑不靈的兒童教育標準。這些猶太父母獨具的教育理念，使得他們的整個家庭十分緊密而穩固，並且讓人感到安心和幸福。對於建立養育自己孩子的育兒方針和個人的人生哲學，其主體正是我們自己。家庭教育的所有責任，全都落在父母身上。孩子的對與錯、能做與不能做的標準，都取決於父母和孩子。父母必須基於諸多考量與研究，才能訂出這套標準。教育理念並不是成天思考就可以創造出來，而是藉由許多的體驗、學習、閱讀、溝通之後，才能領悟出屬於自己的教育理念。

我兒子俊宇去唸猶太幼兒園時，在安息日的活動中，猶太教拉比曾經提出了下列問題：

「你們知道在猶太人的歷史中，最重要的時刻是什麼時候嗎？」

當時，孩子們依據各自的歷史知識，發表了自己的觀點。但是拉比的回答如下：

「就是現在。現在正是猶太歷史中，最重要的時刻。」

幼兒園是人生最重要的時刻，因為大腦的發育，大部分都是在滿三歲之前完成；俊宇在我肚子裡的時候，當時我覺得胎教最重要……回顧過往，我的腦海中浮現了曾經感到後悔的自己。但是，誠如猶太教拉比所言，我們歷史上最重要的時刻，可能就是現在也說不定。千萬不要認為自己的孩子已經唸了幼兒園、已經進入小學、已經升上高年級，就覺得為時已晚，切莫忘記，現在正是最重要的時刻！希望各位不要以為自己的青春已經不復返，所有事情都已經太遲就自我放棄。

我們並不是為了滿足他人的期待而活。

——阿爾弗雷德・阿德勒（Alfred Adler）

這是猶太心理學家阿德勒的名言。我們教育自己的孩子，也不是為了滿足其他人的期望。如果父母教育孩子的目標，是培養出一個別人眼中穩重的孩子、一個能夠上名校並獲得別人稱讚的孩子、一個穿著名牌服飾而讓人看來覺得光鮮亮麗的孩子，那麼父母與孩子之間，勢必會產生無止境的壓力。如果父母放任一個會霸凌別人、毫不講理的孩子，那就難以宣稱這是所謂的教育理念。

凡是基於誠實、自信、正義、和平、關懷和分享等大原則所制定的教育理念，無論遇到任何波瀾，都不會有所動搖。明智的父母都知道，堅定地建立屬於自己的教育理念，比任何事情都更重要。

這本書的內容是從我與猶太朋友往來的實際生活體驗，所獲得的啟示與教誨，希望藉此能夠鼓勵讀者也建立屬於自己的教育理念。可能的話，我希望在不久的將來，能夠有機會去拜訪台灣，在我的朋友出生的國家，得到許多的回憶與體驗。對於本書翻譯及出版過程中，提供協助的許多工作人員，在此一併致上由衷的感謝。我也引頸期盼著未來能與台灣讀者見面。

二〇一八年八月

郭銀京

前言

在韓國時，我是個既要上班又要育兒的職場媽媽。儘管時間和體能有限，還好身旁有許多親朋好友協助。當時，我媽為了忙碌的我，總是隨時準備好家常小菜宅配給我；而在育兒的過程中，每逢筋疲力竭時，朋友總會聽我發牢騷。所以，當時育兒對我而言，可說是既困難又新鮮。

有一天，我先生決定去美國留學，我和兒子也得跟著他離開韓國，前往一個陌生的國度，既沒有娘家媽媽、也沒有好朋友可以分享心情，完全失去穩固後盾，這真的讓我感到十分惶恐。

到了美國之後，小兒科醫生建議我，晚上八點之後，就可以把孩子送進房間裡，然後關上房門，以培養孩子的獨立性，讓他養成自己睡覺的習慣，但我對此實在無法認同。後來，看到美國婦女推著嬰兒車去餐廳吃飯，孩子哭鬧時，只是用腳踢一下嬰兒車，然後繼續吃飯，也是飽受衝擊。於是，我決定找出適合自己的育兒方式。

之前獲得諾貝爾文學獎的美國歌手巴布．狄倫、臉書執行長馬克．祖克柏（Mark Zuckerberg），Google 創辦人之一的謝爾蓋．布林（Sergey Brin）、星巴克創辦人霍華．舒茲（Howard Schultz）、31冰淇淋創辦人之一艾文．羅彬斯（Irvine Robbins）、金融巨人「羅斯柴爾德家族」（The Rothschild Family）創始人梅耶・羅斯柴爾德（Mayer Amschel Rothschild）、電影導演史蒂芬・史匹柏、喜劇泰斗卓別林、諾貝爾經濟學獎得主保羅・薩繆爾森（Paul Anthony Samuelson）、諾貝爾和平獎得主外交官季辛吉、畫家畢卡索和夏卡爾、古根漢美術館創辦人所羅門・古根漢（Solomon R. Guggenheim）和藝術收藏家佩姬・古根漢（Peggy Guggenheim）、社會主義創始人卡爾・馬克思，現代科學先驅者及天才物理學家愛因斯坦等……將上述對人類歷史具有重大影響力的天才們一一羅列後，會發現他們大部分都是猶太人。我也經常看到猶太人不落人後捐款和參與慈善活動的相關報導。猶太人只占美國人口不到百分之二，但是他們在美國境內的捐款金額，竟然占了美國慈善捐款總額的百分之四十五。

失去了國家、散落在世界各地的猶太人，他們得以在各個領域獲得成功的秘訣是什麼？為什麼只占全球人口百分之零點二十五的猶太人，占了歷年諾貝爾獎得主的百分之三十，還占美國常春藤盟校學生的四分之一呢？

基於好奇，我開始關注猶太人的文化和教育，並且毫不猶豫幫兒子在猶太幼兒園註冊。由於這個大膽的決定，我認識了許多猶太朋友，以及猶太教拉比（指猶太合格律法教師）、幼兒園園長、大學教授、醫生、律師、商人、上班族、家庭主婦和教師，其中許多人成為我的摯友。猶太人在成為你朋友的前後，有著顯著的差異。當猶太人將你視為朋友之後，就會不問緣由，毫不計較地幫忙你，並且會真誠、不矯飾地與你分享他們的生活哲學。

本書或許可以成為一本打破許多人對猶太人既有成見的書。最重要的是，我並不是要在本書中敘述，關於得到諾貝爾獎的猶太人有多麼偉大，或是猶太父母是如何完美而優秀等這類不切實際的故事。

雖然有些人認為猶太父母全都「英明、聰慧又機智」，但是我曾目睹過他們並非都是如此。他們也會犯錯，也有例外，每個人也都有不同的教育觀。而我對猶太小孩的第一印象，反倒是「沒精神又散漫」。在廣為人知的猶太名人軼事中，總是會提及他們有不尋常的童年，這並不足為奇。但是我很好奇的是，這些孩子是如何成長為具有領導能力、並且能夠展現自我理念的成年人。

我從我的猶太朋友身上找到了答案。猶太人無論在哪裡長大或定居，都可以在那個社會中脫穎而出，原因就來自於他們的成長環境，以及從父母那裡學到的文化。

那麼猶太人的教育究竟是什麼呢？我花了許多時間尋找答案，但是沒有人能給我一個明確的解答。對於猶太人來說，教育就是反映猶太文化、宗教和精神的生活本身。在教養方式各異、不同家庭文化中成長的猶太人，是如何感受和維護身為猶太人的價值呢？他們長大成人之後，認為什麼是教育孩子最重要的事呢？凡此種種，他們也曾遭遇過困難和衝突，但是卻有些絕對不變的價值觀。

猶太人通常不會為孩子選擇擺在眼前的高價玩具，或是強求那些別人覺得耀眼的成績單、獎狀、資格證、知識等，反而更關心孩子學習獲取知識的方法，以及將知識活用於生活的「態度」、「習慣」和「方法」。例如，對於周遭一切不會走馬看花、而是好奇地提問的習慣，以及有效地學習知識並懂得適時運用知識的方法，還有教導孩子思考「如何創造一個更美好的世界」，並且透過「修補世界」的精神，創造幸福人生應該具備的態度。

猶太人學到的這些「態度」、「習慣」和「方法」，成為他們受用一生的可靠武器，當他們長大，建立新的家庭之後，也會將此視為教育下一代的指標。

對於我的猶太朋友，教育子女不是戰爭，也不是需要殫精竭慮來制訂的偉大計畫。

他們認為教育子女就是一種自然的生活習慣，是在日常生活中成長和日積月累的成果，能在生活中實踐的才是教育。

沒有人生來就是完美的父母。許多人不斷想盡方法要成為最好的父母。而大部分的父母總是會迷失方向，或是走回頭路。但是我們不能忘記，最好的時機總是始於當下。我一直在尋找最好的教育方法，尋找理想的家庭樣貌，並且致力於找尋真正的自我，這正是我所期待和夢想的人生。

如果各位對於如何教育孩子感到徬徨無助，或被周遭的人質疑「到底是怎麼帶孩子的」覺得倍感壓力，又或者受到很多育兒建議影響而動搖，希望本書能夠為各位帶來些許慰藉，並幫助各位找到自己的路。每個人的生命羅盤都應該掌握在自己手中，我們必須成為教育自己孩子和確定家庭方向的主體，這點請務必銘記在心。

目次

PART

1

懂得與眾不同的思考、具有創意的孩子

愛因斯坦早在一九一六年就透過廣義相對論的理論，推測出「重力波」的存在，但一直到一百年後，重力波的存在才終於獲得證實，他的天才也再度受到肯定。愛因斯坦堪稱是二十世紀最優秀的天才科學家，他去世之後，大腦被病理學家托馬斯・哈維（Thomas Stoltz Harvey）偷走，並且切分成二百四十塊來進行研究。愛因斯坦幼年時，他父親曾經送給他一個羅盤，啟發了他的好奇心，從那時起，乃至成為人類最優秀的科學家，愛因斯坦終其一生最強調的莫過於創造力。

開啟語言哲學新局面的路德維希・維根斯坦（Ludwig Josef Johann Wittgenstein）、被美國《時代雜誌》評選為過去二千年來最偉大的思想家及提倡「共產主義理論」的馬克思、以《人是能夠思想的蘆葦》一書聞名於世的哲學家布萊爾・帕斯卡（Blaise Pascal）、提出波耳定律的物理學家尼爾斯・波耳、提出博弈理論的數學家約翰・馮諾曼（John von Neumann）、Google 共同創辦人之一、臉書創辦人、星巴克創辦人等，若要列出全球各個領域具有影響力的猶太人名字，恐怕一整本書都不足以完全收錄。

在改變世界的新事物中，總是看得到猶太人的身影！猶太人究竟有什麼秘密武器，讓他們總是能夠發掘新的領域，成為開創人類發展新猷的頭號功臣？無論何時，猶太人總是在新領域具有遙遙領先的驚人力量，這點真是令人好奇不已。

#01

在好奇心的沼澤中游泳的孩子

我觀察過俊宇上的猶太幼兒園後，深深覺得猶太人的創造力來自於他們所塑造出的「受認可的環境」。猶太人的文化並不會以權威和先入為主的觀念來指責或壓迫孩子，而是對於孩子勇於嘗試新事物本身，給予高度的評價。

我先生提及他小學上美術課的時候，曾經在「畫我爸媽」的畫作中，將人臉塗成藍色，結果被老師訓了一頓，要求他改用肉色的蠟筆再塗一次。這對猶太人而言，是不可能發生的事情。猶太人自始至終都鼓勵孩子發揮好奇心，因此，在猶太人的教育中，他們相信將膚色認定為肉色是一種偏見，將成為可怕的絆腳石。

印象中在俊宇上猶太幼兒園的時候，我不曾看過什麼正式的學習單，也沒有什麼數學或英語習題本。如今，俊宇已經升上小學三年級，有一天他做功課做到一半的時候，突然對我說：

「我生命中最美好的時光就是幼兒園！那時候在學校就只顧著玩，老師怎麼都不會生氣呢？」

俊宇在幼兒園裡的所有課程安排，就是自由自在地玩耍、畫畫、唱遊、閱讀故事書和說故事時間。孩子各自在室外和室內的遊樂場中，設法找到自己喜歡的活動，例如騎腳踏車、玩溜滑梯或盪鞦韆、堆沙堡、扮家家酒等。猶太學校的一大特色，就是將一天當中大量的時間，都花在畫畫或學習音樂。

猶太父母十分重視孩子幼兒期的藝術教育。俊宇的同班同學中，很多人自五歲起開始學習小提琴、鋼琴等樂器。而且猶太人還致力於透過自由繪畫來拓展孩子的思維。

我的猶太朋友邁哈爾的妹妹，在她小孩兩三歲時，首先進行的就是「藝術教育」，這不是指教孩子畫畫，而是帶孩子參與可以啟發想像力和創造力的藝術活動。猶太人相信幼兒期進行這種具有創意性的藝術教育，可以讓孩子的頭腦變得靈活。一旦思想變得靈活時，孩子的想像力就可以超越幻想，並且能深化思考而加以實現。

事實上，在許多猶太人居住的紐約曼哈頓地區，猶太藝術家庭教師的人氣可不是蓋的。

藝術活動所發揮的想像力，不僅可以運用在人文學科，在科學方面也扮演著重要的角色。美國的大學在選拔新生時，針對從事音樂、藝術和體育活動的人給予加分，因為他們想要爭取的，不是只懂得學習現有知識的背誦天才，還得是具有創造性思維、社交能力強且擁有領導能力的學生。

俊宇在猶太幼兒園的大部分時間，主要都在「讀故事書及交談」。孩子讀了各式各樣的書籍之後，會暢所欲言地討論書的內容。每到這個時候，大部分孩子都會目不轉睛，專注的眼神彷彿要發射出光芒似的，而且還會提出許多問題和點子，因此，每次孩子讀完書後，教室裡總是鬧哄哄的。

猶太父母和老師都會教導孩子從小培養提問的習慣。因為他們相信問問題是刺激大腦最好的方法。最重要的是，即使孩子提出了荒唐的問題，無論父母或大人，反而會更加讚美和鼓勵孩子。因為孩子所提出的荒謬問題，可能是孩子思考的起點或是中間過程，也可能是創造出新事物的開端。

到了需要教導知識的階段，猶太幼兒園也會活用一些與眾不同的方式。例如，如果要教育五到六歲的孩子關於「毛毛蟲的一生」，首先會帶孩子去社區附近的兒童劇場，觀賞有關「毛毛蟲的一生」的短片。而且在看短片之前，就要反覆朗讀許多相關書籍給孩子聽，引發孩子的興趣，以便讓孩子有一個全面性的想法。看完短片回來之後，再找時間跟孩子相互分享對短片內容的感受。

此外，猶太人還會利用紙黏土，直接做出毛毛蟲的模樣，而且不會漏掉用畫畫來教導的這種藝術教育方式。當老師要教導「毛毛蟲變成蝴蝶」這種複雜的概念時，通常會利用捲筒衛生紙，在孩子面前呈現出一整個過程。孩子會被捲筒衛生紙捲起來，然後試著像蝴蝶一樣張開雙臂，拍打著翅膀。

運用這種直接的角色扮演，孩子可以用眼睛去看、去體驗，並透過音樂、美術和討論的方式，一再反覆這些過程，持續了幾個月之後，孩子就能完整學習到「毛毛蟲變成蝴蝶」的過程，並且具備整體思考的能力。

#02 猶太媽媽不需要去買玩具

《該隱的封印》一書的作者丹．金德倫（Dan Kindler）博士，曾於二〇一五年到我們社區來演講。當時，有位一起參加這個活動的朋友，跟我聊到她聽了金博士演講後，覺得印象最深刻的部分是：「盡情的跑跳和遊戲，就是兒童學習和心理健康發展的最佳處方。」

猶太人認為，**「遊戲」不是放假時的休閒活動，而是透過遊戲刺激孩子的好奇心。猶太人認為早期教育的核心，就是自由自在且多元化的遊戲。**九歲之前是人類開發右腦「創造力」功能的黃金時期，因此，猶太人不會錯失這個機會，會透過猶太人的早期教育方式，創造一個寶貴的機會，來提高孩子的創造力和直覺。

我記得移居到美國之前，我們先在韓國買了昂貴的益智玩具，然後寄到美國。可是猶太父母並不會選擇益智玩具作為兒童玩具，因為周圍一些微不足道的東西，就可以拿來當成玩具，也可以當成教具。

我的猶太朋友利亞德，他的祖母是一位典型的猶太阿嬤，很喜歡和孩子聊天。有一次她從以色列來美國拜訪利亞德一家人，在偶然的機緣下，某天晚飯後，我們一起在利亞德家喝茶。在大人聊天聊得正起勁時，俊宇悄悄拿著一個新玩具來找我。後來，不論在回家途中車上，甚至回到家睡覺前，他無時無刻都帶著這個玩具。俊宇的新玩具，不是別的，就是一張「起司包裝紙」。

利亞德的祖母用孩子吃完後丟棄的起司包裝紙，做成愛心形狀，還有拐杖、光劍的樣子，刺激了孩子的想像力和好奇心。

對我而言，陪俊宇一起玩遊戲，真的不是普通困難的事。往往要苦惱老半天來規劃，規劃好後，再一起去市場買需要的材料來準備。一言以蔽之，就是「捨命陪君子」的模式，需要花費的時間、金錢，以及所形成的壓力，往往讓我在真正開始陪他玩之前，就已經精力耗盡。

然而，猶太人覺得，跟孩子一起玩遊戲是再自然不過的事。因此，猶太父母並不需要特別找時間去買玩具，或是準備教具。

不過，這並不意味著猶太父母完全不買玩具。只是猶太父母從生活中的一切事物取材，並不侷限於購買昂貴的玩具。因此，他們可以將起司包裝紙當做像「培樂多」無毒黏土般的東西，把樹葉和樹枝當成教具，將商店的招牌和交通號誌當成兒童學習認字的教材。

事實上，這些過程看似容易，但是需要相當多的創造力和想像力。猶太父母會觀察周圍的一切，試圖從中找到可以讓孩子感到有趣的東西，以及可以教育孩子的機會。尤其是大多數猶太父母認為，**無論何時何地，不停地跟孩子對話及溝通，就是最好的玩具。**

猶太父母這種「觀察周圍環境的習慣」和「找尋機會的無限想像力」，自然而然就培養出孩子的創造力，並且具備可以將世界上一切事物都做成玩具的創意。而運用這些點子做出來的新玩具，也更能激發孩子的知性與感性。猶太父母認為，讓孩子感到快樂的「遊戲」，不僅有助於創造力提升與人格養成，更將成為符合孩子年齡的「真正功課」。

#03

為什麼海不是紅色或黃色，而是藍色的呢？

要立刻想像出一個看不到的抽象事物，其實遠比想像中困難。猶太人從很小的時候開始，就想像著所謂「上帝」這個抽象的存在，並且研讀猶太典籍《妥拉》（Torah，舊約聖經的前五卷，又稱為摩西五經）。我的猶太朋友中，即便是沒有宗教信仰的人，也會教導孩子有關於上帝和《妥拉》的內容，因為這些內容在成為宗教之前，也是猶太人的歷史。

此外，另一本猶太典籍《塔木德》則是記載了從公元前五百年至公元五百年間的故事，內容充滿各式各樣的寓意和訊息。猶太人告訴孩子這些故事，同時提出許多問題，以誘發孩子的好奇心，並且認真地思考。

「阿姨，為什麼海不是紅色或黃色？而是藍綠色的？為什麼這樣？為什麼天空不是白色或綠色，而是天藍色的？」

有一天，我猶太朋友的孩子約瑟夫因為和俊宇約好共度「玩耍日」（為了讓孩子一起玩耍所約定的聚會），帶著妹妹到我家來玩。約瑟夫受到曾在以色列擔任物理學家的媽媽斯格列特的影響，夢想成為物理學家，他來我家玩的這天，一樣也問了我無數個問題。

我對於海是藍色的這件事，從來不曾懷疑過，因此，約瑟夫問的這個問題，頓時讓我啞口無言。不過，許多猶太人對於我們視為理所當然、一語帶過的東西，都會提出質疑，並且不斷加以探索。

猶太人對於周圍容易視而不見的事物總是會保持好奇心。這種好奇心的出發點，始於與父母之間的自然對話，而且不受限於時間和空間。約瑟夫的父母，也就是我的朋友亞龍和斯格列特，就算是平時搭車的時候，也會和孩子相互交談和提問，主要是對車程中一閃而過的事物感到好奇，因此，每天的上下學時間，就成為他們分享彼此想法的好時機。

相對而言，我們其他大多數人都是急切地關注著眼前的東西，像是昂貴的嬰兒車、新款的包包、孩子的成績等等。

每當我跟猶太朋友們碰面時，總會聽到許多新奇的聲音。這些無形的聲音，就是「動腦的聲音」！不管事情糾結得如何複雜，猶太人都不會放棄去解開這個結。在我眼裡明明看不到任何東西，但是我的猶太朋友即便看著虛空的一切，也能不停地思考。

以《夢的解析》一書聞名於世的弗洛伊德，是一位具代表性的猶太心理學家。他是精神分析學派的創始人，提出了無形的「無意識」和「自我」的創見。猶太人認為，相較於眼見為憑，就算是無法當場看到的事物，也有其價值存在。

有句話說：「如果你想活得像一個猶太人，與其活動你的身體，不如動動你的大腦。」運用大腦深入思考的能力，正是發揮創造力的基礎。

#04 創造是預測未來之鑰

「企管學之父」彼得．杜拉克曾說：「預測未來的最好方法，就是創造新事物。」雖然預測未來相當困難，但我們可以創造未來。

希伯來語是以色列的官方語言，所謂的「希伯來」一詞，意指「站在單獨的另一邊」。處於這個人與人相互比較和競爭的世界，獲勝者往往如鳳毛麟角。但是，如果具備有別於他人的能力並站在另一邊的話，就有無限的可能性。有句名言說：「如果你跟兄弟較勁，只會兩敗俱傷，但是如果能夠各自發揮獨特的個性，就可以雙贏。」此外，這句話也蘊含著無限的希望，意謂著即使我跟別人不一樣，也不是異類，就算我不是第一，也能有成功的可能性。

事實上，猶太人總是試圖用與眾不同的想法來教養孩子，而非要求孩子出類拔萃。他們會鼓勵孩子去探索一條別人未曾走過的新路。開拓新路徑需要付出相當大的勇氣，因為這條路上不知道會遭遇到什麼困難，或是這樣的選擇到底正確與否，都充滿了不確定性。但是，一個跟隨別人腳步的孩子，一輩子只能做個「追隨者」，而開創一條沒人走過的道路的猶太人，就可能成帶領別人的領導者。

猶太人喜歡挑戰新事物，而且會去面對挑戰。事實上，一個新的挑戰，也可以創造出高難度和偉大的事物。因此，猶太人透過不斷的創新，開展了全球各領域企業的歷史。例如，在美國七大電影公司（派拉蒙、米高梅、華納兄弟、環球影業、皮克斯、哥倫比亞影業和迪士尼）中，除迪士尼外，其餘六家公司的創始者都是猶太人。以設計領帶發跡、並且開闢了時尚界新領域的拉夫・勞倫（Ralph Lauren），也是一位具有代表性的猶太人。他的女兒迪倫・勞倫（Dylan Lauren）則創立了「迪倫的糖果吧」（Dylan's Candy Bar）。這間收集來自世界各地超過七千種糖果的「精品糖果店」，獲得眾多美國人的喜愛。

一八八〇年時，馬克思預言資本主義的未來，提出了「共產主義理論」。哲學家維根斯坦則曾說過：「語言的極限意味著世界的極限，」並且開啟了語言學的視野。雖然他抱著必死的決心去參加第一次世界大戰，但是卻倖存下來，被稱為「違背命運的人」。他在以實證主義觀點的哲學思考為主流的社會中，引入了新的「語言哲學」，是個勇氣十足的猶太哲學家。

愛因斯坦雖然在求學階段被當成有「學習障礙」的孩子，但是在母親的大力支持下，成為一名頂尖的科學家。幸虧他媽媽沒有強迫他去做跟別人一樣的事情，而是相信自己兒子的天賦，並且持續鼓勵他，使得愛因斯坦的「相對論」得以問世，並為物理學開創新的視野。

猶太教育的目的不是教導孩子理論，而是苦思如何改進和改變現有的理論。若要推動這種創新，首先要面臨的課題，便是「消除刻板印象」和「無盡的想像力」。除非擺脫受限的框架，否則不可能會有創新的想法。

我們對於熟悉和聽慣的東西，往往會習以為常。若要擺脫這些熟悉的事物，往往需要極大的勇氣。猶太人則運用這種勇氣，為人類發展作出貢獻。猶太人並不會受限於任何權威性的答案。相反地，他們會打破既有的思維框架，獨立自主地思考。

人唯有能夠自由發表意見，智慧才會湧現出來。如此湧現的智慧，將成為開闢新徑和創造源泉的關鍵。未來必將是「創造者」成為領導者的時代，而創造正是預測未來最好的一把鑰匙。

#05 一定會有辦法

猶太人對於創造的渴望，往往容易被視為來自於空想的「不切實際的思考」。但是，猶太人是個比其他任何民族更重視現實及理性主義的民族。猶太人雖然相信上帝，但是不會和孩子談論天堂和地獄。他們清楚知道，虛無的空想和創造性的想像力之間是有差異，因此，猶太人並不相信「奇蹟」。

俊宇就讀的那間猶太幼兒園的入口處，有一個裝滿了書的書櫃，就像一個小型的圖書館。有一天，我看到一本叫做《爺爺一定有辦法》的書。我很好奇對於不相信奇蹟」、講求理性主義的猶太人，到底什麼是可以從無創造出有的方式？倘若一無所有，究竟能創造什麼東西？

當約瑟夫還是個嬰兒的時候，他祖父送給他一條手工製作的小毯子。幾年後，當約瑟夫的母親想扔掉這條舊毯子時，約瑟夫把它交給了祖父。他的祖父將小毯子做成了一件外套。隨著約瑟夫不斷長大，外套變成了背心，背心又變成了一條相當不錯的領帶，最後領帶變成了一顆小鈕扣。但是，約瑟夫把這顆小鈕扣掉到溪水中弄丟了。約瑟夫的母親和祖父告訴約瑟夫：「約瑟夫，現在什麼東西都沒有了，祖父再也沒辦法創造出任何東西了。」

有一天，約瑟夫帶著紙筆去上學，喃喃自語地說：「我有足夠的材料來創造新的東西。」然後將這個故事寫出來，完成一本相當棒的書，帶回去給他的家人，這是他用自己的經驗寫成的故事書。

這本故事書並未描述盲目期待的奇蹟，但卻有著遠比奇蹟更偉大的寓意，那便是「新穎的想法」。這些絕妙的點子，都來自於我們周遭發生的許多微不足道的事情。在這本書裡，小毯子留下的蹤跡原本會隨著鈕扣遺失而告終，但是這些記憶留在約瑟夫的腦海，構成了這個故事。

猶太人所謂的「創造」，並非來自於我們所認知的幻想，或是不切實際的想像，而是符合理性的合理思維，但同時又打破框架，從超現實的東西去張開想像的翅膀。即便手中空無一物，也並非一無所有。只要稍微轉換一下想法，不去輕忽那些看似微不足道的東西，就會在世界上創造出無限的可能。

經驗對於想像力的影響極大，但是創造並非百分之百依賴經驗，也不一定非鎖定在邏輯框架中不可。創造雖然是以經驗為基礎，但卻是藉由打破現有經驗框架，發揮創意和想像力來創造新事物。例如，有人看到天空中飛翔的鳥之後，開始不合邏輯地想像著：「人類能像鳥一樣在天空中飛翔嗎？」然後飛機被發明出來，這就是發揮不合邏輯的想像力最後成為事實的例子。

猶太父母還會與孩子一起旅行，在旅程中激發他們的想像力和好奇心。事實上，我周圍的許多猶太朋友都非常重視家庭旅行。因為可以藉此去觀察及享受新的環境，並且發揮想像力和留下深刻的記憶，而這些記憶將是創造的種子。

電影導演史蒂芬．史匹柏的父親曾經在某天晚上，聽到天氣預報說會有流星雨，於是就帶著當時年僅十三歲的史蒂芬．史匹柏，半夜開車去沙漠。到了沙漠之後，他們在地上鋪了毯子，躺著觀賞流星雨從天而降，而史蒂芬．史匹柏長大之後，創造出包括《E.T. 外星人》在內的無數部曠世鉅作。

觀察、夢想和思考，並無關乎學術背景、年齡或收入。許多驚世駭俗的未來先驅者，並不期待去創造一個不切實際的奇蹟。但是他們打破邏輯框架，用自由自在又具有創造性的想像力，拓展了新的視野。

#06 笑聲不絕的教室

當我決定送兒子去上猶太幼兒園之後，就想自己應該先去實際了解一下幼兒園的環境。我想像到了幼兒園裡面，就會親眼目睹猶太小孩拿著《妥拉》或《塔木德》在朗誦的情形，十分興奮地期待著！

然而，我實際看到的猶太幼兒園卻與想像中截然不同。我只看到有的孩子騎著腳踏車和滑板車，有的孩子在爬樹，有的孩子全身是泥的在堆沙堡……孩子全都在教室外的遊樂場自由自在地玩耍。

即使走到幼兒園大班的教室，我也只看到滿滿的繪畫工具和玩具。所有在遊樂場上的孩子都十分開心，唧唧喳喳笑語不斷。我看著孩子開朗而笑的幸福臉龐，更加確信，猶太幼兒園對我的孩子也將是個最佳遊樂場。事實上，俊宇上了猶太幼兒園之後，我親身感受到猶太人自由開放的教育所帶來的巨大差異。

一個沒有笑聲的教室會讓孩子感到無聊。無聊的教育會讓孩子不想上學，阻斷他們

學習。對於年幼的兒童來說，培養學習能力是一種過程。家長和學校老師應該盡可能以最溫和及柔軟的方式來幫助孩子學習。若是因為父母的期望，對孩子施加壓力，將會使孩子的學習能力在增強之前，就變得拘謹而僵化。一旦能力僵化，以後再怎麼努力，也無法培養學習能力。

猶太父母為了避免將來後悔，從孩子的幼兒期開始，就會竭盡心力為孩子「培養學習能力」。唯有將學習視為更有趣、更愉快的遊戲，自己產生了好奇心，才能完全陷入探索知識的樂趣而流連忘返。

> 如果你不是透過《妥拉》產生改變並獲得成長，而只是在學習知識，那麼你就不是真正在學習《妥拉》。
>
> ——教育家博尼．科恩（Bonnie Cohen）

猶太人並不強迫孩子單純的背誦知識。因為他們認為，透過教育來改變和成長，才是教育的本質。所謂帶來改變和成長的教育，就是讓孩子提出疑問和想像，最終沉浸在

喜悅之中，實際體會到所謂「知之者不如好之者，好之者不如樂之者」這句話的意思。如此紮根的教育，將在許多方面產生豐碩的成果。

找出孩子喜歡什麼

猶太媽媽認為：「孩子不愛唸書的第一大功臣，就是父母的嘮叨。」她們特別擔心孩子對童年時期的學習感到「無聊」。對於猶太人來說，學習是「令人愉快的事情」，讓孩子把學習當成是快樂的事，則是父母的責任。

猶太媽媽不會等孩子說「我喜歡什麼」！而是會不斷觀察和掌握孩子感興趣和好奇的事情。

最近，俊宇對「寶可夢」很有興趣，他在一週之內，就牢牢記住了一百五十隻「寶可夢」的名字和特徵。當俊宇開始學習足球、籃球和棒球等新的運動時，他會開始去找這些運動的發展史，以及不同時代和國家的運動員。如此一來，喜歡魚的孩子就可能成為魚類博士，喜歡飛機的孩子就可能成為飛機專家。

猶太父母為了抓住這些機會，會不斷觀察孩子。一旦找到孩子的興趣所在，猶太父母就盡力拓展孩子這方面的知識，自許成為孩子的領航員。例如，猶太父母面對一個對「火箭」感興趣的孩子，會帶他去「天文物理博物館」現場觀摩學習，讓孩子試著畫出一幅關於太空的圖畫，激起孩子的興趣，而且透過借閱相關書籍，提供孩子大量資訊，累積成知識。如果是已經會寫字的孩子，猶太父母會進一步鼓勵孩子試著去寫一篇有關宇宙的故事。從對火箭的關心出發，接著從對整個宇宙的了解，逐漸獲得有關天文學和科學各種整合性的知識。

在猶太幼兒園中，雖然不會教孩子「彩虹」這個字怎麼寫，但是會正確地跟孩子說明何謂彩虹，同時還會讓孩子畫出彩虹，並且講述有關彩虹的故事。

此外，俊宇在猶太幼兒園接受到以五感（視覺、觸覺、聽覺、嗅覺和味覺）來體驗的教育方式。猶太人的哈柏露塔教育（Havruta，意指讓兩個人彼此相互解釋和討論《塔木德》的教育方法），便是以運用親自前往現場觀察與感受的體驗學習，以及共同參與的社區活動，還有以對話和討論為主。孩子可以自由選擇日常遊戲，並且完成一項整合性的專案課題，實現我們夢寐以求的綜合教育理念。

以孩子的好奇心出發的學習，不是「痛苦無聊的事情」，而是會變成「愉快而有趣的學習」。光是猶太人認為學習應該始於趣味的這項傳統，就足以讓孩子沉浸於學習之中，並且找出自己的天賦所在。

#07

學習甜如蜜

加州的猶太教會有位拉比塞繆爾，曾經告訴我一位猶太媽媽的故事。一天，有位猶太媽媽到教會來尋求協助，因為她的兒子不知是否正值青春期，既不愛笑，也沒有一絲活力，還常常把「人生無趣」的話掛在嘴邊。因此，她來拜託塞繆爾跟他兒子談一談。於是塞繆爾就說：「好的，下星期一的四點到五點之間，請帶妳兒子來，我會真誠地和他談談。」但是，這位猶太媽媽表示，那個時間已經安排了鋼琴課，所以不行，而且這位猶太媽媽還在星期二、星期三和星期四，分別安排了數學、體育和音樂課，將孩子的行程排得滿滿的。

塞繆爾告訴我說：「現在的孩子，行程似乎比我還緊湊。其實，在我還沒見到這個孩子之前，就已經明白為什麼他不開心了。」

現今的孩子往往在父母親的強迫下，沒有時間自由地玩耍。連在低年級的時候，即便喜歡運動和藝術活動，也開始會被家長強制留在教室裡。美國還有所謂的「足球媽媽」

（意指熱衷於送孩子到足球場接受專業訓練的母親），不僅希望孩子在學習上，甚至在踢足球方面，都是最頂尖的。隨著孩子逐漸升上高年級，週末過於激烈的體育運動，對孩子形成另一種壓力。

俊宇從猶太幼兒園轉到美國公立幼兒園之後，才開始學習英文字母。當時我曾經期待：「兒子接受過猶太人的教育之後，應該具有天才的資質，不論學什麼都會很快吧？」實際上，我後來才體會到教孩子學習字母是世界上最困難的事，感到挫折不已。於是我去找俊宇的幼兒園主任黛博拉，表達我的擔憂和壓力。她以懇切的眼光跟我說：

「絕對不能用強制方式來教導俊宇！一旦俊宇認為學習是『枯燥乏味』，他的腦袋就會關閉了百分之九十。所以一定要花腦筋想想如何讓孩子愉快地在生活中學習。」黛博拉也提出了一些具體的建議，勸我實踐看看。例如：

＊買好吃的字母餅乾，用玩遊戲的方法來練習。

＊上學途中，看到路邊的標誌和街道名稱，不要只是路過，要讀出來。

＊即使只是讀一本簡短的書，如果是孩子獨自閱讀，可能會覺得無聊，可以和媽媽玩玩看各唸一句的遊戲。

*為了學習加減法，可以試著讓孩子和媽媽玩買賣東西的遊戲。

猶太學校的老師並不會單純地灌輸知識，會依據孩子的程度，以日常生活中很容易找得到的材料，進行有趣的整合性教育。所有這些教育之中，最基本的元素就是「有趣」。猶太父母不會為了想要教孩子什麼，才跟孩子一起玩遊戲。當然，孩子可以藉由遊戲來學習硬幣，體會一下數學運算，但是猶太父母更注重與孩子的積極溝通。他們希望情感上有共鳴，讓遊戲變得有趣，然後透過有趣的遊戲，讓孩子學了還想再學，達到一舉兩得的效果。

在猶太幼兒園裡，學習二十二個希伯來字母的第一堂課，就是將手指沾上蜂蜜來寫下字母，然後準備甜甜的餅乾或糖果，讓孩子品嚐學習的甘甜滋味。猶太人這種習俗，自然讓「學習像蜂蜜一樣甜美」的想法，深植在孩子心中。

此外，猶太人在美國總統大選前，會設置一個「模擬投票所」。以各式各樣的色紙，讓孩子實際體驗「投票」的感覺，使孩子熟悉這種只屬於成年人的政治和選舉活動。

隨著孩子升上高年級，猶太父母與孩子的遊戲也跟著進化。在小學的一、二年級，猶太人多半透過交談與孩子打成一片，對話內容多半是好笑的話題或有趣的遊戲。猶太父母之所以經常與孩子交談，就是為了提高所謂「知性之花」的幽默感。

我最好的朋友蕾莫，是一位在以色列攻讀猶太學的私立學校老師，她曾經送給俊宇一本珍貴的書，書名是《幽默的謎語》。有一陣子，俊宇非常沉迷於這本書，書中下列這類問答是俊宇最喜歡的部分。

「棒球選手怎麼會失去家園呢？」

正確解答是：「因為棒球選手會打全壘打（Home run）。」

這本充滿腦筋急轉彎又有趣的小書，曾經給俊宇和他的朋友們帶來了莫大的快樂。有個著名的猶太諺語說：「謎語和笑話是讓腦筋變得靈活的磨刀石。」符合孩子水準的謎題，不僅可以增加兒童的詞彙量，也可以提高其思維能力。父母千萬要牢記，與孩子交談和玩耍，對提高孩子的好奇心和創造力，具有決定性的作用。

#08 持續不斷的學習

前美國國務卿季辛吉有段著名的軼事。季辛吉是猶太人出身，他的父親熱愛閱讀，因此他也經常模仿父親看書的樣子，漸漸養成愛讀書的習慣，後來，他成為美國著名的外交家。

孩子若被剝奪自由和快樂，只專注於入學考試和成績、只唸教科書，一旦進入大學，就再也不想學習了。於是大學的招牌就成為一生的成就，進入了企業或公司的同時，也從此離開學習之路。

不過，猶太人認為「一個人從出生到死亡，學習是延續不斷的」。因此，在童年可以跑跑跳跳的時期，就要盡情玩耍。然後，不管多大年紀，學習就像空氣或水一樣，是伴隨一輩子的事情。

美國作家諾曼・梅勒（Norman Mailer）以描寫第二次世界大戰經歷的小說《裸體與死亡》（Naked and the Dead）一書，開啟了作家生涯，並且留下了由湯姆・李・瓊斯

（Tommy Lee Jones）主演的電影《劊子手之歌》（The Executioner's Song）等經典作品。他在五十九年的人生中，留下了十二部小說，創作成果豐碩。諾曼的最後一部作品《森林中的城堡》（Castle in the Forest），最受讀者歡迎，他在完成這部作品的幾個月後就撒手人寰。這位苦思著「人活於世上最大的理由究竟為何」、不斷嘗試自我開發的作家，也是位猶太人。

我們通常認為，一旦孩子完成學業後進入工作職場，父母的角色就告一段落了。但是，猶太人認為，子女有子女該扮演的角色，父母有父母該扮演的角色，而且終其一生皆是如此。所以，父母也必須以終身學習的態度來磨練自己。不管多大年紀，父母都不要依賴孩子，應該一輩子扮演好父母的角色。

猶太諺語說：「沒有賢人，但有聰明學習的人。」人自出生以來，一輩子都在學習中度過。如果停止學習，瞬間將會失去至今所學的所有東西。就算進了大學，花很多錢去海外進修外語，但是學過的東西很快就忘得一乾二淨。有些人做了父母之後，便想透過孩子去找回自己無法得到的東西，或是學生時代未能實現的夢想，這不就是執著於孩子課業表現的原因嗎？

巷弄教學法

我們的孩子從老師那裡學習各種知識，有數不清的數學課、英語課、鋼琴課、自然科學課、烹飪課和足球課。即使不用上學的幼兒期，有時也會去社區文化中心上課。

我為了教俊宇如何騎腳踏車，回想起自己是跟誰學騎腳踏車。那是我小學三年級的一個同班同學，他早就學會了騎腳踏車，據說是跟同一社區裡大他四歲的哥哥學的。在他的建議之下，我牽著車爬上山坡，到了山頂後，就騎上車，然後輕輕踩一下腳踏板，由於是下坡路，不用一直踩腳踏板就可以前進，如此就可以領會到平衡的方法，學會了如何維持平衡後，就可以單獨踩著腳踏板，學會如何騎腳踏車了。

回想童年時期，我總是一放學就跑去小巷弄裡。當走在小巷弄前，經過巷口的第一個遊樂場、第二個遊樂場，還有第三棟房子的前面時，就會遇到許多鄰居的小朋友，我們總是會利用周遭所有用得上的工具，創造出自己的美術教室和自然教室。在這些巷弄教室裡，有一堆想買也買不到的東西，我們就像是撿破爛的人，亂七八糟的東西應有盡有，有一堆各種形狀和大小的石頭，運氣好的話還可以撿到故障的家庭用品來玩，藉此發揮實驗和探究的精神。

就這樣，童年時期的小巷弄，讓我們可以在大自然的懷抱裡，盡情玩耍，自己去體驗在書本和教室裡學不到的東西，然後逐漸成長。這條小巷弄充分扮演了學校的角色。對兒童而言，小巷弄真可說是理想的教育環境。

猶太人強調來自於好奇心的學習，以及透過玩耍的教育，或許跟我童年時期在小巷弄裡學習的方法最為相似吧？

《塔木德》中有一句話說：「我從老師那裡學到了很多東西，但是這遠不及我從同事那裡學到的，而且跟我從門徒所獲得的啟迪也無法比擬。」蕭伯納則說過：「有能力的人，就去做。沒有能力的人，就去教。」意謂著透過經驗的教導與學習的重要性。

猶太人總是努力想跟子女建立穩固的紐帶關係，他們透過許多旅行累積經驗，看著照片和家人一起進行回憶之旅，並且利用猜謎語和幽默的對話，跟孩子成為朋友。當一個孩子從小與父母擁有共同的甜蜜回憶，並且透過交談分享經驗，長大成人之後，遇到吃力的事情時，也會把父母當成真正的朋友。

有位作家 Peter Bissell 曾經說過：「過去比現在好的理由，在於多了一件東西，那就是所謂的『回憶』！」

PART

2

無愧於
自己人生的孩子

錫安主義的創始人西奧多．赫茨爾（Theodor Herzlz），他的墓地位於以色列國家公墓山坡的頂點。在世界各地有許多猶太人享有天文數字般數不盡的榮華富貴，或是累積了相當高的聲譽。但是，在眾多名利雙收的猶太人當中，唯有思想家赫茨爾的墓地被放在以色列國家公墓的首要位置。因為他獻身於國家和民族，倡導猶太人獨立治國的思想家價值獲得認可，而承認其價值的以色列這個國家，也成為國民的愛國心及身份認同的根源。

#09

從骨子裡就是猶太人

我們全家曾受到猶太朋友蕾莫的邀請，去參加她第二個兒子的割禮。割禮是猶太人的傳統習俗，指在男嬰出生後第八天內割包皮，也是確認其猶太人身份的第一步。割禮不是由醫生執行，而是由一位專司割禮的拉比來進行，割禮之後，則是餵孩子葡萄酒取代吃藥，來完成整個儀式。

在割禮儀式中，包括親戚在內的朋友和熟人都齊聚一堂。首先在拉比的祝福聲中開啟割禮的序幕。然後，由父親德隆傳達祝福的訊息。德隆用著顫抖的聲音，大聲朗誦出自己前一天晚上準備的滿滿一大疊講稿。他一方面恭喜兒子的誕生，另一方面不忘記感激他的妻子，並且回想起家庭的意義。然後，德隆表示將以他最尊敬的祖父的名字，當作兒子的中間名，接著開始談到他祖父的生平。德隆的祖父是在第二次世界大戰之後，由波蘭移民到美國，是個不會說英語、出生於東歐的猶太人，也是在德國猶太人被大屠殺後的倖存者之一。他帶著一家人住在美國曼哈頓的一家小商店的地下室，千辛萬苦從做小生意開始，後來成為成功的商人；但他從不疏於對子女的教育，他的兒子後來成了外科醫生，孫子德隆則是一位整形外科醫生。

德隆在這項家庭活動中談到自己祖父的故事，感動到淚流滿面。看到這個成年男子流淚的樣子，我有點不知所措，然而，當我看到坐在旁邊的雷尼，眼睛充滿血絲，淚水盈眶時，才感受到「我正置身於猶太生活之中」！雷尼出生於俄羅斯，擁有德州州立大學數學博士學位，目前是美國大學數學系的教授。

當德隆回憶起包括自己祖父在內的家人對他的意義時，沒有人顯露出不耐煩的神情，而且對德隆流露的情感有所共鳴，這讓我對猶太人留下深刻印象。

我想起在韓國幫孩子辦的百日宴或週歲宴，從未聽人說過有關祖父母等祖先的事蹟。以前我在幫俊宇準備週歲宴的時候，好像也只是煩惱要穿什麼衣服，拍出來的照片才會好看，還有回禮要準備什麼才比較像樣而已。我認為只要把親戚都找來參加週歲宴，一起歡迎俊宇成為家族的一分子，就是最好的處理方式了。

但是，我今天看到猶太家庭是以一種截然不同的方式來歡迎一個孩子的加入，他們讓子女及孫子女們一起回想自己的祖父母、回顧家族的歷史，共度寶貴的家庭時間。我身歷其境之後，充分感覺到猶太人認為「家庭、根源和身份認同感」是多麼有意義的事。這種少有的情緒，夾雜著羞愧、嫉妒、遺憾和感動。

#10 對猶太人的偏見

在真正認識一些猶太朋友之前，我對猶太人有些錯誤的偏見，其中之一就是認為猶太人的團結是理所當然的。

但是，我後來才發覺，猶太人如此團結在一起的基本背景因素有多麼複雜。過去數百年來，猶太人分散在世界各地，因此，不僅彼此的外貌不同，也有著文化差異。

猶太人起源自兩個主要族群，一是阿什肯納茲猶太人（Ashkenazi Jews，意指來自俄羅斯及歐洲的猶太人），一是塞法迪猶太人（Sephardic Jews，意指來自西班牙、葡萄牙、北非、中東的猶太人）。他們在不同的國家和文化中成長，這樣的差異跟韓國來自忠清道、全羅道、慶尚道、江原道、濟州道等鄉下地方的人們，聚集到首都圈時所感受到疏離感，有著天壤之別。

我對猶太人的另一個偏見，就是認為猶太人自信心的來源，是因為他們自認為是「上帝的子民」。但是，我在接觸過許多猶太人之後，才發覺這個想法並不正確。

我的猶太朋友邁哈爾在大學數學系擔任助理教授，他曾說：

「我的人生由我自己選擇。我最相信和遵循的人也是我自己。」

邁哈爾是俄裔猶太人，他親眼目睹過經歷猶太人大屠殺迫害的祖父母，以及受到俄羅斯政府迫害的父母這兩個世代所遭受的苦難。因此，在邁哈爾國中三年級移居到以色列以後，他唯一相信的人只有自己。

事實上，許多猶太人並不相信上帝。曾獲得諾貝爾和平獎、也是猶太人大屠殺倖存者的埃利．維瑟爾（Eli Wiesel），在他取材於自身經歷的著作《夜》中寫道：

「我把時間拆開成一小時、一小時的活下來。連猶太拉比也出言咒罵，我聽到他們說上帝不再與我們同在了。」

過去，雖然許多猶太人受到迫害，懇切地向上帝祈禱，但是上帝對於猶太人面對的不幸，也無能為力。於是，經歷了無盡痛苦之後的挫折和失落感，使得一些猶太人選擇相信自己而非上帝。

如果猶太人不是全部信仰上帝，身為上帝子民不是他們自信心來源的話，那麼猶太人所擁有的自信心又從何而來？究竟是什麼力量，使得這群有著不同長相與背景、以及

異質文化的猶太人緊緊相繫在一起？

#11 不變的絕對價值

聖誕老人、馴鹿魯道夫、五彩繽紛的聖誕裝飾品等，是讓大人和小孩都會感受到聖誕節氣氛的象徵。但是史蒂芬．史匹柏家的房子並沒有陳設聖誕節的裝飾，因為他們家族以慶祝猶太人的光明節取代聖誕節。猶太人教導小孩子不要相信聖誕老人，而是以點亮九根光明節蠟燭，取代聖誕節裝飾品！

在接受媒體採訪時，這位曾說過「小時候不能紀念聖誕節而感到遺憾」的男孩，就是後來以《侏羅紀公園》和《E.T. 外星人》等電影聞名於世的好萊塢電影導演史蒂芬．史匹柏。

成為一家之主後，史蒂芬．史匹柏同時慶祝聖誕節和光明節，因為他不想剝奪孩子歡度聖誕節的童心。

我周圍的猶太朋友，大都是以慶祝猶太人的光明節來取代聖誕節。不過，其中有些人也是同時以光明節的九根蠟燭和聖誕樹來做裝飾。不過，也有一些猶太朋友非常嚴守教理，別說是聖誕節的裝飾，甚至連聖誕節相關的電影也不給孩子看。

隨著世代的變遷，猶太人的生活方式也有所改變。然而，在各式各樣的家庭文化中，他們對於身為猶太人最重要的事情，並且據以生活及教育孩子的部分則不曾改變。那就是不要忘記猶太人身份的明確認同感。因此，要不要陳設聖誕節裝飾並不重要，教導孩子「不要忘記自己是猶太人」的身份認同感，這才是猶太人的獨特教育法中絕對不變的價值。

「身份認同感」一詞在韓語字典裡的定義是，「覺察到不變存在之本質的心性」，英文意思是「與別人或其他群體進行區別，只有自我獨具的特徵」。總言之，身份認同感就是不變的本質，而且可以區分人我不同的差異點。身份認同感堅定的人，是自我價值觀和信念都很清楚的人。反之，身份認同感不堅定的人，則容易受到不同價值觀和信念的影響而動搖。

我從猶太朋友身上了解到，明確的身份認同感不是一種與生俱來的特質，也不是自然而然產生的東西。特別是對於孩子，身份認同感是在父母和家族的協助下產生和紮根而成。協助自己的孩子建立身份認同感，並且鞏固其根基、不會四處游移，使他們能夠自豪、自信地成長，正是猶太人的力量之所在。

延續的傳統和文化

某天，俊宇的猶太同學利亞德走近我，問我說：「妳知道為什麼吹角節（猶太新年的第一天）要吃像蜂蜜或蘋果那樣甜甜的東西嗎？」

我用認真思考過的神情回答他說：

「是不是意味著新年要有個甜美的開始？」

「不是，這是因為以色列就是一個如此甜美的國家。」他答道。

所謂的「吹角節」，依照猶太人的節氣就是指新年。在這一天，猶太人會吃各式各樣的甜食。在美國出生長大的利亞德認為，以色列就像是奇幻電影《巧克力工廠》一般。我所遇到的大多數猶太朋友都相當熱愛他們的祖國以色列，原因不僅在於以色列擁有地中海型氣候、豐富的食物、自由奔放的城市氛圍，而是做為一個猶太人的自豪，以及對國家本身的使命感。而且無論在世界任何一個角落，猶太傳統與文化都一直堅定不移地傳承下去。

大多數的猶太家庭，無論居住在哪裡，都會慶祝猶太人的節日和相關紀念活動，包括從出生滿八天的割禮開始，到成年禮，還有每星期五晚上的安息日、猶太新年、猶太教贖罪日，住棚節（贖罪日之後的感恩節）、逾越節（猶太人逃離埃及紀念日）和光明節（西元二世紀耶路撒冷聖殿回歸週年紀念日）等大型猶太人的節慶活動。

即使在美國，猶太人也透過每個星期五的安息日，學習猶太人的歷史和傳統。猶太教拉比在安息日的活動中，會依照孩子的年齡大小，播放適合的《塔木德》或《妥拉》的故事給孩子聽。在安息日的領唱者也會唱誦關於猶太人歷史和文化的歌曲，讓孩子從小就從歷史和傳統活動，意識到自己身為猶太人，有堅定的身份認同感。

大多數猶太人會把自己的孩子送到主日學校，不僅學習希伯來語，也藉此學習猶太人的歷史和傳統。此外，我許多在美國長大的猶太朋友也會把孩子送去以色列的「猶太夏令營」。暑假期間，那裡會有許多來自世界各地的猶太兒童，參加各種的夏令營，活動十分熱絡。這些同齡的猶太兒童雖然是從世界各地聚集在此，但都能認同彼此的同質性，並透過各種活動經驗更加確認自己的身份。孩子藉此以身為猶太人覺得驕傲，並且養成對民族的熱愛。

當以色列和阿拉伯國家發生戰爭時，美國的主要國際機場充滿了想要飛往以色列的年輕猶太人。雖然已經是美國公民，但是身為猶太民族的自豪感，吸引這些年輕猶太人前往以色列。

我的猶太朋友亞龍和斯格列特的大女兒伊登，也是在美國高中一畢業後，就放棄進入常青藤大學就讀，前往以色列服兵役。伊登是個在五歲的時候就可以拼出一百片拼圖的數學天才，在校成績不是第一名，就是第二名，當她做出這樣的決定時，世界上有多少父母能夠支持她？

然而，亞龍和斯格列特尊重女兒這個猶如冒險的決定，正是因為他們很強調教導孩子正確的歷史意識和民族自豪感。

我的另一位猶太朋友邁哈爾，則把服兵役當成是他一生中最大的成就。據說有位以色列女歌手因為沒有去服兵役，停止了所有的演唱活動。在以色列有一種說法，為了活得像個人，服兵役是不可或缺的，不論男女老少皆是如此。大多數猶太人都有服兵役的經驗，並且將此視為最值得自傲的事。

即便是此時此刻，猶太人也不斷收集和研究自己的歷史，而且根據時代的變化，彈性地重新解讀，他們認為將錯誤的歷史撥亂反正更為重要。因為大多數猶太人認為，如果任由錯誤的歷史持續保留下去，歷史將會重演。

以色列政府將過去曾經犯下失當行為的人徹底加以審判，並且處以死刑，以糾正歷史的錯誤。這麼做是為了讓後代可以真正好好地面對歷史，並且學會明辨是非，在成長過程中明白到，「如果做壞事，可能會受到可怕的審判」。

猶太父母也會讓孩子去看在納粹奧斯維辛集中營死亡的同胞的悲慘影像。在納粹德國統治下遭到屠殺的猶太人約六百萬名，這些受難者，可以說或多或少和所有猶太人都有著父母、祖父母、親戚、朋友或鄰居的關係。猶太人教導孩子正確看待猶太人遭到迫害的歷史，並且好好地面對歷史，同時也讓孩子體會到這段悲慘的歷史不該重演的教訓，教導他們「過去可以原諒，但是永遠不要忘記」！

正確認識歷史所感受到的民族大愛、自然延續傳統的自豪感，乃至於敬愛祖先的真情，都讓猶太人以身為猶太人為傲。看到他們這種民族認同感，讓小時候總是把韓國的顯忠日、開天節、行憲紀念日搞混的我，受益良多。此外，我之前在韓國東北亞歷史基金會工作時，對於如何看待韓國和東北亞國家之間存在的歷史紛爭，曾覺得苦惱不已，因此猶太人採取「過去可以原諒，但是永遠不要忘記」這種態度來教導後代的做法，也讓我深思。

#12

像個猶太人，像個韓國人

「爸爸，我是韓國人還是美國人？我不是韓國人，也不是美國人嗎？」正在唸美國小學四年級的雅各如此問他的父親。雅各的父親是范德堡大學的博士生。

另一位波蘭籍的留學生朋友則是帶著剛上幼兒園、只有四歲大的女兒去看心理治療師，因為她好像變成啞巴似的，在幼兒園裡完全不開口講話，心理治療師診斷後認為，她是罹患了「身份認同感混淆症」。

我到國外之後，經常聽到周圍的留學生提及自己孩子面臨身份認同混淆的問題，而且不僅韓國留學生如此，包括法國、義大利和土耳其等國帶著子女來留學的留學生們也有類似的情況。

後來我搬到加州，意外發現到一家韓國餐館。這是一間小餐廳，由來自韓國的大嬸與她的美國丈夫共同經營，餐廳的女主人很熱情招呼我，於是我們就閒聊了一陣。她跟我說：「我不會教女兒說韓語！為什麼平白無故讓孩子混淆？」同時不斷奉勸我既然來到美國，就要好好跟外國人相處。其實當時我身邊大多數朋友都是外國人，正擔心沒有什麼韓國朋友，但是我什麼話都沒有說。我只是做了一個不同的決定，採取不同的子女養育計畫。

我在抵達美國後沒多久，就決定把俊宇送到猶太幼兒園。因為猶太人雖然散居世界各地，但是卻形成少數宗教團體。因此我希望了解猶太人在流離失所的歷史中，如何就身分認同這件事找到明確的解答，並且加以堅守的秘訣。而我的期望沒有落空。

我的一個猶太朋友歐麗有三個兒子，分別就讀於小學和高中。她為了這些上美國公立學校的孩子，每年到了重要的猶太節日時，都會特別拜託老師給她一點時間，向班上孩子介紹一下猶太文化。雖然歐麗的英語並不流利，但是她會藉此機會向同學簡單敘述猶太人的歷史和文化，並提供一些猶太傳統零食和玩具跟同學分享。

歐麗最小的兒子尤發是俊宇的同班同學。由於她教導兒子要成為正直的猶太人，因此尤發也以身為猶太人為傲。班上同學也因為尤發是猶太人，很自然接受了猶太人的一切。我的猶太人朋友說：「如果你為自己的身份感到羞愧，那麼就算你很有錢或者成就非凡，又有什麼用？」

俊宇開始上學之後，我也在學校當志工，幫忙老師教導孩子。那個時候，我教俊宇的同班同學如何用韓語來數數字。起初，這二十五個孩子有些生疏，只能跟著唸「一、二、三……一、二、三……」，如今，他們已經可以從一數到十了。就像歐麗希望讓尤發以身為猶太人為榮，我也希望透過這樣的努力，能夠幫助俊宇認同自己是個堂堂正正的韓國人。

如果父母不確立好自己的價值觀，就無法好好培養孩子的價值觀。猶太人的身份認同感十分堅定，即便在亡國的情況下，仍然維持了兩千年的民族獨特性。這種堅定不移的認同感，成為猶太人價值觀的根源，而這種顛撲不破的價值觀即是猶太人自信心的來源。一個具有強烈自信和自尊的人，即使面對大風大浪，也能夠堅強地存活下來，而且這種自信不同於自命不凡。假使我們否認自己的根源，對自己的身份缺乏堅定的認同感，就算一時走運獲得成功，最後一切也將成為過眼雲煙。

一棵沒有根的樹，即使開了再多美麗的花朵，又有何用？起初，我覺得身份認同是一個很複雜的名詞，但是透過猶太朋友，我了解到身份認同其實是再簡單明確不過。對於猶太人來說，身份認同感深植於心，任何狂風都不足以撼動一絲一毫。

#13 正直與無愧的價值

歷經二百五十年的漫長歲月，已經傳承至第七代、產生出眾多富豪的「羅斯柴爾德家族」，也是猶太人。尤其是梅耶．羅斯柴爾德更建立了十八世紀以來最著名的羅斯柴爾德金融帝國。他的第一份工作是擔任地區領導人——猶太教拉比朱比安．哈許的助理。但是，在他結婚之後，就離開了拉比哈許，並且開了自己的商店。雖然只是做小買賣，但是生意相當興隆。

有一次，在逾越節前一天，拉比哈許家族的人急著要尋找酵母（一種發酵物，猶太人在逾越節禁食含酵母的食物）。

拉比哈許努力存了五百枚的金幣（ducat，歐洲從中世紀到二十世紀流通使用的貨幣）。這在當時是一筆非常大的金額，是他為了當作女兒的嫁妝，辛苦存下來的錢。他將這筆錢藏在家中一個密室，雖然他平常不會打開密室來看，但是每年在逾越節的晚餐之前會打開密室來確認。不過，令人驚訝的是，這一次，他藏在秘室箱子裡的錢居然不見了。

剛好在這段期間，羅斯柴爾德家族的事業也開始興旺起來，於是所有的疑慮都集中在羅斯柴爾德家族的人身上。拉比哈許家族開始懷疑羅斯柴爾德家族的人，並且催促拉比哈許要採取行動。起初，拉比哈許對於家族成員的意見聽而不聞，但是由於怨言越來越多，拉比哈許決定親自去跟羅斯柴爾德碰面。

拉比哈許懷著沉重的心情去拜訪羅斯柴爾德，並且坦白說明他的家人對羅斯柴爾德的懷疑。令人驚訝的是，一聽完拉比哈許所說的話，羅斯柴爾德就承認自己有責任。同時，將自己僅有的二百枚金幣的財產，全都交給拉比哈許，並且說將會儘快償還餘款，讓拉比哈許安心回去。

事實上，在羅斯柴爾德離開拉比哈許自立門戶那年的逾越節前幾天，拉比哈許家族僱用了一名清潔婦來清掃房子。因為逾越節前夕所有家庭成員都忙成一團，所以特別找人來幫忙打掃。結果，清潔婦在拉比房間裡發現了那個秘室箱子，而且還幸運地找到了鑰匙。結果，她看到箱子裡的金幣後，無法抗拒誘惑，於是取出錢後，拿回家交給自己的丈夫。他們夫婦倆默不吭聲地等待了一段時間，並沒有馬上動用這筆錢。然而，當這對夫婦開始花這筆錢之後，身邊的朋友對於他們突然過起奢侈的生活，感到十分懷疑。

有一天，這個丈夫在一間小酒館喝醉了，向他的朋友提起自己妻子所做的事，甚至連錢藏在哪裡都洩露出去。於是這個丈夫的朋友立即到警察局報案。警方調查過後，跟拉比哈許說明了事情的原委，於是拉比帶著複雜的心情回到家裡。

一方面因為得知羅斯柴爾德是一個正直的人而感到歡喜，另一方面也對於自己未能相信羅斯柴爾德而感到痛苦。拉比哈許立刻去拜訪羅斯柴爾德，並且問他為什麼要揹黑鍋，完全不加辯解。羅斯柴爾德回答道：

「我能夠感覺到您當時有多麼心碎。而且我也知道，如果您在找過我之後空手而回，您的家人將會感到更加痛苦。所以我告訴您錢是我偷的，並且把我所有的財產都給了您。因為我自認為問心無愧，因此相信很快就會真相大白。」

拉比哈許受到羅斯柴爾德的回答十分感動，立刻請求羅斯柴爾德的原諒，並把之前收的錢還給了他。同時，真誠祝福羅斯柴爾德家族能夠長久繁榮。

或許是一個巧合，這個祝福很快就成真了。梅耶・羅斯柴爾德和他的五個兒子建立起史上最著名的金融帝國。

任何人遭受到朋友和周遭人士的荒謬指控都難以忍受，但羅斯柴爾德卻能忍受他人的嚴苛批評和自尊心受損的傷害。羅斯柴爾德因為正直而能夠自持地等待真相大白，最後更能彰顯出自己的價值，這種忍耐力也提升了他的人格價值。

#14 勇於誠實

在美國社會中，為了躋身於領導圈子，最重要的不是擁有眾多的錢財或是聰明的頭腦，而是具備社交能力。事實上，美國許多家長都試圖從小培養孩子的社交能力。

猶太人似乎相當明白這點。他們具有機智的幽默，又充滿自信，展現出絕佳的社交能力。尤其是猶太人的自信，更成為他們建立人際關係的利器。我很想知道猶太人的自信究竟從何而來。透過周圍的猶太朋友，我漸漸了解到，猶太人的自信心其實來自於最簡單的一點，也就是「坦率、不加矯飾的正直」。猶太人的「正直」是在家中從父母身上學習而來，然後運用在生活中。

這是俊宇剛到美國公立幼兒園就讀時發生的事。有一天俊宇從幼兒園回來後，顯得有些焦躁不安。雖然我很擔心他，不知道究竟發生了什麼事，但是當天剛好招待客人來家裡用晚餐，所以沒時間好好問他。

晚餐後，在上床睡覺之前，俊宇把我拉進浴室，說有個秘密，只能講給我聽，然後鼓起勇氣跟我說了今天在學校發生的事情。

俊宇的幼兒園導師曾經叮嚀過孩子，堆放在教室兩側的書籍要妥善保管，不可以搞丟。但是，其中一本書裡面有俊宇最喜歡的火車圖片，因此他就把這本書拿出來看。雖然俊宇很快把書本歸位，但是後來又有幾個同學也把那本書拿出來看，結果最後那本書不見了。於是老師詢問孩子是否有人碰過那本書，但俊宇卻提不起勇氣承認。

聽完俊宇說完事情始末之後，我不知不覺鬆了一口氣。我認為對於當時只有幾歲大的俊宇，這可能是他第一次面對與誠實之戰，也可能是他形成人格和習慣的重要時刻。心理學家威廉．詹姆斯（William James）曾說：「行為養成習慣，習慣改變性格，性格決定命運。」我建議俊宇隔天如實告訴老師今天發生的事情，並且請求原諒。

但是，擔心會被老師罵的俊宇，聽了我的建議後暴跳如雷，並且哭了起來，然後請求我幫忙去跟老師說。我花了很久時間一再地說服俊宇。

第二天早上，我帶著俊宇提早到校，當時教室裡只有老師獨自一人在備課。於是我告訴老師說，俊宇有話要對她說，然後給俊宇足夠的時間，把事情原委都告訴老師，並且請求老師原諒。起初，俊宇猶豫了一下，然後慢慢解釋昨天發生了什麼事，他說話的聲音，也從一開始像蚊子一般小聲，到後來越來越大聲，也越說越清楚。

老師告訴俊宇，他擔心的那本書已經找到了。而且她毫不吝惜地讚美俊宇能夠鼓起勇氣說實話，真是十分難能可貴。雖然不過幾分鐘的時間，但是俊宇的表情顯得輕鬆多了。那一天，俊宇比以前更開心地度過了他的學校生活。

有時候，我們需要很大的勇氣才能說實話。但是，鼓起勇氣說實話，往往會讓我們獲得自信這項大禮。

#15

猶太人從小就教導孩子誠實的重要性

以下是關於猶太人誠實過日子的著名寓言。

有一位拉比是個樵夫，生活得很辛苦。他想要盡可能減少搬運木頭的時間，以便多花點時間研究《塔木德》。於是他在市集裡跟阿拉伯商人買了一頭驢子。然後拉比的門徒將這頭驢子帶去溪邊洗乾淨，結果發現驢子的脖子上掛著鑽石。門徒們很高興，想說拉比可以就此擺脫貧窮的樵夫身份，有更多的時間研讀經書與教導門徒了。但是拉比很快回到城裡，並且命令門徒將鑽石交還給阿拉伯商人。於是門徒問道：「這不是從老師您買的驢子身上取得的鑽石嗎？」

拉比回答說：「我雖然買了一頭驢子，但是並沒有買鑽石。我只拿我有買的東西，這才是正確的，不是嗎？」於是他把鑽石還給了阿拉伯商人。另一方面，阿拉伯商人則說：「你買了這頭驢子，既然鑽石是掛在驢子身上，你為什麼還要給我呢？」拉比說：

「按照猶太人的傳統，我們不應該拿我們沒有買的任何東西，所以我才會將鑽石還給你。」

——取自「驢子和鑽石」一文，《世界上最明智的猶太人的一百個智慧》

我的猶太朋友無論何時何地都自信滿滿。這種自信是社交能力的最佳武器，有助於建立良好的人脈，而社交能力和良好的人際關係會帶來良好的工作機會和成功的人生。猶太人充滿自信的生活態度，也使他們周圍的人都感到幸福，而且充滿了正能量。最重要的莫過於這種自信是來自「正直」，因此，我可以確信，透過猶太朋友將能獲得更有價值的東西。一個人即便只是撒個小謊，或是有所隱瞞，甚至欺騙，都無法理直氣壯；而且多少都會因此焦慮而有壓力，在表情和說話的口吻上，也無法完全隱藏起來，進而會降低社交能力。

我有位韓國朋友，只要他兒子的公司發的公司信用卡額度增加了，他就很高興，因為他兒子的生活可以過得比較寬裕。事實上，在韓國社會中，誠實的人吃虧的情況很多，懂得察言觀色，適時編造故事的人，反倒可以躲避危機，並且掌握住意想不到的幸運機會。

我也曾經認為正直無法獲得相對的回饋。如果有稍微編造故事的時候，也會拿這是善意的謊言來當藉口，認為只要適度的包裝及隱藏，就可以讓自己獲得利益。另一方面，我卻也會埋怨，自己置身於一個即便自以為正直而坦誠說出真相、也不會有任何人理解的社會。

但是，我從猶太朋友身上意識到這是一種錯誤的想法，猶太父母絕對不會容忍孩子有不誠實和不正當的行為。

在幼兒期學會如何克服恐懼並拿出勇氣，以及自行負責、毅然決然接受考驗，是非常重要的事。如此一來，孩子才能學會如何經營自己的人生，並且激發出更上一層樓的能力。勇於說真話、並且具備反省能力，將成為我們得以充滿自信且自在度過人生的力量。

PART

3

享受交談與演辯的口才辯士

CNN的王牌脫口秀主持人，被稱為「脫口秀之王」的賴瑞·金（Larry King），也是一位猶太人。他認為與人交談的技巧，就是「用真誠的態度打開對方的心扉」，並把如何成為善於言詞的人的關鍵，歸納成所謂的「K-SS（Keep It Simple, Stupid）」原則（簡單的說，讓每個人都聽得懂）。最重要的是，賴瑞·金強調的演說技巧，就是成為一個「偉大的傾聽者」。他認為好好聽別人說故事十分重要。

猶太父母每天晚上都會邀請全家進行討論，就像韓國時事節目《一百分鐘討論》那樣。他們風趣的口才使得整個家庭融入一個熱烈討論的世界，造就出賴瑞·金這位付再多薪水也不足惜的最優秀的脫口秀主持人。這就是教導孩子「即便是空的板車也要發出聲響比較好」的猶太父母。猶太人對於一般人視而不見的東西，往往會問：「為什麼？如果呢？」並且在各處找尋機會。猶太父母不斷對孩子提問，並引導孩子思考問題，教導他們理性地表達自己的想法。如此長大的猶太人，將成為見多識廣的最佳辨士。

#16 不說話的孩子無法學習

俊宇曾經是個相當沉默寡言的孩子，可能受到我們從韓國移居到美國、對環境感到陌生的影響所致。俊宇的幼兒園老師為了讓俊宇有更多機會表現與說話，可說是費盡心思，同時也跟我強調，我應該從旁幫助俊宇成為一個可以自動說出自己想法孩子。有一天，當我帶俊宇去學校時，老師對我說：

「俊宇在學校都沒有說什麼話。回家以後，請跟他多多交談，讓他多說一些話。」

「如果都沒有話要說，還要說一些毫無意義的話嗎？多說話有那麼重要嗎？」做家事很累，送小孩去幼兒園也要花費許多精力，如果還要再花時間跟孩子多交談，真是非常吃力。我不禁哀嚎起來。

「韓國有句俗話說：『空的板車聲音大！』等到以後俊宇產生自信的時候，就會比較能夠表達自己的感受了！」

聽到我的回答後，老師立即抓住我的雙手說：

「如果一輛空板車默不作聲，就沒有人知道這輛板車是否在那裡，就會成為沒有存在感、遭到遺棄的板車。但是，如果空的板車也能發出聲音，至少可以確認板車的存在。從這個聲音開始，我們就可以知道這個板車需要什麼，以及能做什麼，板車也能受到關注。這個受到關注的板車可以用來載送貨物，也可以供需要的人使用。」

猶太人有句諺語說：「沉默的孩子無法學習。」光看我周圍的猶太媽媽，就可以發覺她們有相當卓越的語言天賦。這與猶太教育可說有著密不可分的關係，因為猶太教育非常強調對話、提問和演辯，他們甚至連處罰也採取言語斥責。

有位猶太媽媽曾經告訴我說：「言語的力量勝於刀槍。」雖然寡言的東方文化可能無法理解，但是她認為人類最強大的武器，就是活用嘴巴來自由表達自己的想法。她強調說：「猶太人看了知名政治人物的電視辯論後，通常會認為自己也能夠成為政治家，因為他們確信自己能夠講得比任何高人氣的辯論者還好。」

猶太人在孩子還不會寫字的幼兒期，就會教導孩子清楚表達自己的主張。我為了安排俊宇去唸猶太人幼兒園，曾經先去參觀，當時對於幼兒園裡嘈雜不堪的情形感到十分驚訝。然而，重點不是在嘈雜的環境，而是孩子在不斷說出和表達意見的同時，也訓練出說話的邏輯。猶太人相信一個沉默不語的孩子很難培養出邏輯能力。

俊宇的柔道補習班老師也是猶太人。他跟其他人不同之處，在於不僅教授柔道，通常會在上課過程中，跟學生們聊天，並分享日常生活的點滴。有一天，他上完課後，對孩子說：

「無時無刻將自己想成是攻擊者！一旦你選擇防守的那一刻，就沒有機會贏。」

猶太人不論是人文學者或法學家，乃至科學家、演藝人員和運動員，都像政治人物一樣能言善道，而且具有像哲學家般的人生價值哲學。

若說猶太人教育的起始和結束是「提問、對話和討論」，那是一點也不為過。猶太人生活中，就是有這麼多的時間花在與周圍的人交談。在每個星期五的安息日活動中，拉比會說故事給孩子聽。孩子聽完之後，可以表達自己的想法，並提出問題。在學校教室裡，學生和老師之間也會以各種問題來回討論。就連用餐時間、點心時間和休息時間，也都不停地對話和討論。藉由這種文化，猶太兒童從小開始，自然學習到這種「在嘈雜環境之中運用邏輯思維和演辯的方法」。

有時候，其他父母會告訴孩子：「安靜點！」然而，對於猶太人來說，要求孩子靜靜閉上嘴，就像是殘酷地對孩子說：「你什麼都不要學！」

#17 懂得提問的孩子

有一天，在課堂上，老師出了一個超出進度的作業。俊宇和他的同班同學，都因為功課太難，不會寫，所以請求父母幫忙，但是另一位猶太同學則說：

「我一看到習題，就跑去找老師，告訴老師這些習題很難，已經超出了進度。雖然也可以請教父母來尋求解答，但這就不是我們自己做的作業，也沒有意義。所以，老師是否可以給我一個新的作業？」

猶太數學教授邁克爾告訴我，在以色列教書的時候比在美國還要緊張好幾倍。雖然我認為，美國的自由學風和以色列應該沒什麼不同，但是據他說其實差異頗大。有別於上課氛圍很安靜的美國大學，以色列大學的學生總是會提出許多問題。

猶太人菁英教育的核心似乎就是「培養提問能力」。猶太人的提問，並不侷限於測試知識或是既有的脈絡，而是不斷找出可以擴大思考範圍和突破框架的問題。人類不可能知道一切，即便天才也不例外。所以猶太人不停問問題。每當猶太人覺得聽不懂或感到模糊不清時，不會錯過提問的機會任由它去，而是透過問清楚來累積自己的知識。

另外一位數學教授傑米告訴我說：「比無知更愚蠢的，就是傲慢的學習態度和毫無根據的確信。」

猶太諺語說：「你很聰明，很聰明，很聰明。但是並不會變得更聰明。」有時候，我們會誤以為自己聰明絕頂，後來才發覺比我們聰明的大有人在，而且人外有人。因此，**猶太人教導孩子「與其輕易相信，不如提出問題」**。

事實上，當我們試著提出問題和回答時，會發現大部分時候，回答的人比提問的人更重要。因為大多數的孩子經常會提出意想不到的問題，大人被問到自己無法想像的問題時，有時候會對孩子說出：「你怎麼會問這麼荒謬的問題？」這種回答最差。一旦孩子的問題被忽視，他們的想像力和好奇心將會止步，信心也會大受打擊。特別是年幼的孩子常會提出許多抽象的問題。「媽媽，彩虹從哪裡來？為什麼雲朵在天空？」諸如此類的問題，真的都很難回答……

當猶太父母覺得難以回答時，通常會反問孩子：「那你怎麼想呢？」父母的反問可以讓孩子將問題想得更為深入，也可能成為另一個正確答案的指南針。

我從猶太媽媽身上領略到的一個很好的猶太式問題就是：「為什麼？要是……會怎樣？」我的一位猶太朋友曾說過：

「猶太人認為世界上發生的一切事情都是有『原因』的。所以我試圖從包括《妥拉》和《塔木德》的世界萬象之中，找出『為何如此？』的理由。」

不停留在原地，而是思考「要是……的話，會怎樣？如果是我的話，該怎麼做？」這就是猶太式的提問方法。

猶太父母總是會問孩子：「你問了什麼問題？」而不是：「你今天學到了什麼？」沒有問題也要想出問題來問，正是猶太式的提問教育。

如今，對於俊宇和我而言，世界上所有的東西，包括書本、電視、電影、新聞報導、學校的事情，甚至路人說的故事等，都成為我們互相詢問和探尋答案的題材。例如，我們就會問：「為什麼會發生這種事？如果主角做了另一個選擇，會變成怎樣？」諸如此類的問題。

#18

在世界各地尋找機會的猶太人

被美國猶太媽媽們視為高富帥的約書亞．庫許納（Joshua Kushner），是美國總統川普的女婿傑瑞德．庫許納（Jared Kushner）的弟弟，也是超模卡莉．克勞斯（Karlie Kloss）的男友，他因此聲名大噪。他在哈佛大學就學期間，在宿舍創辦了Vostu公司。目前Vostu擁有六百多名員工，是拉丁美洲最大的社群媒體公司。約書亞在哈佛大學取得ＭＢＡ學位，目前活躍於金融圈。他出生於一九八五年，年紀不過三十歲出頭，被稱為「擁有一切」的男人，他年紀輕輕就擁有一切的緣由是什麼？

約書亞某次在接受媒體採訪時曾經這麼說：

「只要你好好觀察和了解周遭情況的變化與動向，就會發現機會無所不在。」

約書亞從觀察和了解周圍一切事物開始，找到了機會。他甚至說機會就在我們身邊俯拾皆是。為什麼我眼中看不見的東西，在他眼中卻清晰可見呢？

這是因為猶太人總是在我們習慣的日常生活中，提出「為什麼」的疑問，在既定的框架中思考「要是……會怎樣」的提問方法所致。約書亞從猶太人家庭所學習到以「為什麼」和「要是……會怎樣」開啟的創意性提問，培養出他可以從世界萬物中創造出機會的眼光和能力。

俊宇在小學二年級時開始學習打籃球。有一天，我去他們的籃球比賽擔任啦啦隊，看到俊宇沒拿到半次球的那種落寞神情，身為母親真是百感交集。為了培養俊宇的信心，我後來在上學途中跟俊宇說了下面這段話。

「媽媽我讀了一個心理學家的研究，說人生中最重要、最強大的武器就是『自信心』。但是給人自信的正是自己。」還引用了心理學家安娜·弗洛伊德的名言，「雖然我總是試圖去尋找勇氣和信心，但它們一直都在我身上」來跟俊宇說明。

為了讓俊宇找到自信，我持續好幾天說了各式各樣的故事，俊宇聽過之後說出下面這段讓我感到驚訝的話。

「媽媽，這個世界上沒有人可以說出百分之百正確的解答。不管是多麼偉大的研究結果，甚至是神也是如此。媽媽妳怎麼會毫不猶疑相信研究人員的話呢？當我有什麼事情做得不錯的時候，來自老師的讚美，或是朋友的鼓勵，也可以讓我產生自信心呀！」

在《塔木德》裡有句話是這麼說：「輕易接受教導的人，將會被權力和自己所腐蝕。」這一天，我從俊宇那裡獲得了相當大的智慧。沒有被鎖定在框架內，自由自在地擴大思考範圍是很重要的。對於周圍平凡無奇的事情不要只是輕易略過，嘗試帶著「為何如此」的好奇心，將會讓我們的思維有所成長。

猶太人連記載他們歷史和上帝話語的《妥拉》也都不會盲目相信。他們不斷針對《妥拉》的內容重新解釋、討論和演辯，因而誕生了《塔木德》這本被稱為「猶太歷史的智慧合輯」。即使如此，《塔木德》的內容至今仍不斷被加以研究和重新詮釋，未來也將持續下去。

很多人把「問題」當成是對別人的提問。但是世界上提問的方法百百種。「我做得好嗎？我現在正在做的事情適合我嗎？」這種自我提問將成為實現「自我」夢想、使「自我」成長的成功基礎。

問別人「你怎麼想」是一種思考「我」和「你」的問題，而且可以提升我們創造性的想像力和邏輯思維。此外，我們也要學習如何與他人溝通的方法。「我要怎樣做才能讓這個世界變得更美好」？諸如此類打破世界既定框架和挑戰權威的問題，將成為改變世界或讓世界進步發展的種子。

#19

對話與演辯的力量

猶太人強調對話和演辯。他們認為世界上大多數問題都是人與人之間所產生的，而所有人與人之間的問題，都可以透過對話來解決。

摩西和法老之間有段著名的故事：摩西意識到對話的重要性，因此親自在當時埃及擁有最高權威的法老面前，展示了對話的力量。「讓我的子民自由，如果你拒絕的話，我將會讓你的土地溢滿蝗蟲。這些蝗蟲將會吞噬冰雹後殘留的一切，牠們會吃光所有剩下的樹木。」

關於這段軼事，美國紐約的葉史瓦大學（Yeshiva University）校長，布羅迪（Brody）拉比說：

「沒有偉大的對話，偉大的事蹟就無法成就。」

摩西上述的對話內容，帶給我們相當大的啟示，那就是任何堅固的東西都可以被消融，再高的權威都可以超越。

著名的猶太哲學家艾耶爾（A. J. Ayer）和世界拳王泰森之間發生過一件事，曾經刊登在猶太報紙上。這件事是某天艾耶爾在美國紐約參加一個派對時，聽到了一個女人的尖叫聲。他鼓起勇氣尋著聲音走過去，發現了加害人不是別人，正是世界拳王泰森。雖然在性騷擾的現場，往往很少人會妄加干預，但是這位猶太哲學家毫不猶豫斥責泰森。情緒大受影響的泰森威脅艾耶爾說：「你，知道我是誰嗎？敢在這裡大小聲。」艾耶爾在這個緊張的時刻，還是跟泰森展開對話。

「你在你的領域是頭號人物，我在我領域也是個佼佼者，讓我們兩個菁英之間，理性地談談吧！」

於是拳王泰森和哲學家艾耶爾之間的一席對談，成為「阻止性騷擾的對話」。透過對話說服世界拳王的艾耶爾，當時已經七十七歲了。這件事清楚顯示了猶太人無懼於辯論，透過對話解決問題。

不論是什麼對象，也不論主題為何，猶太人對話和演辯的技巧是從他們成長的背景和生活中自然學習而來。事實上，我周圍所看到的猶太父母們，都努力創造一個不斷對話和辯論的家庭氛圍。猶太兒童從小開始就能清楚表達自己的觀點，並且受到尊重，長大後便成為說話合乎邏輯的人。

「爸！媽！桑德斯是誰？這位大叔太會說話了，很多人聽完都很吃驚呢！」

俊宇看了二〇一六年美國總統候選人伯尼．桑德斯（Bernie Sanders）和希拉蕊．克林頓的電視辯論之後如是說。桑德斯透過辯論毫不保留地展現了真正的辯士風範。當我看到桑德斯說季辛吉是最邪惡的外交官，並向華爾街提出直言不諱的諫言時，實在無法掩飾自己的驚訝。而桑德斯正是一個猶太人。

猶太人不僅在美國政治圈和法律界呼風喚雨，在媒體界也發揮著巨大的影響力。《紐約時報》、《華盛頓郵報》，《華爾街日報》和《新聞周刊》等主要報社，都由猶太人創辦，且歸屬於猶太人；另外包括CBS（哥倫比亞廣播公司）、CNN和ABC（美國廣播公司）在內的主要廣播公司，也是由猶太人創辦。

這也印證了同樣都是從小就大量閱讀而累積知識、為什麼唯獨猶太人展現出強於演辯的特點。猶太人不論在學校或猶太的主日學校都活用「哈柏露塔」，這是一種猶太式的學習方法，主要由兩個人配對一起研讀《塔木德》或《妥拉》，並且相互討論。「哈柏露塔」教育方法的核心，不光只是研讀經典的內容，還要提出問題，並且嘗試用不同的角度思考。透過提問，即便記載上帝所言的《妥拉》也可以有不同的詮釋，學者們也可以為過往的學術研究成果提供新的詮釋。

這種「哈柏露塔」教育方法不僅運用於猶太會堂和猶太學校，也引起美國教育家比爾・史慕斯（Bill Sumus）的興趣，運用於美國公立教育。此外，布蘭戴斯大學（Brandeis University）的奧里特・肯特（Orit Kent）博士也在他的論文《哈柏露塔教育理論》中，將「哈柏露塔」視為一種教學工具進行研究。

《塔木德》裡有句話說：「若非是以哈柏露塔交到的朋友，不如求死。」因為猶太人認為人生旅程中朋友、戀人、配偶、子女和孩子等，都需要成雙成對，這些夥伴的角色都是非常重要，透過與這些夥伴的辯論來學習，也是最有效的。對於孩子來說，他們運用「哈柏露塔」的夥伴，就是父母。因此，對於開始學習辯論的孩子，父母就是最重要的典範。

#20 傾聽的爺爺，說話的孩子

俊宇幼兒園的朋友傑克邀請我們，每週五一起去參加猶太人安息日的晚宴。傑克的爸爸會親吻孩子的額頭來開啟安息日的序幕，接著祝禱家人的健康和孩子愉快的學校生活，同時唱一首傳統的猶太歌曲，並且開始為稱為「聖潔之杯」的祝聖葡萄酒祈禱。在這些流程都結束後，就會端上「潔食」（符合猶太教規範的潔淨食物），然後開啟一場對話的饗宴。

當時正是美國總統大選之前，因此大家針對總統候選人展開了激烈的辯論。傑克的祖父和祖母分別支持不同的候選人，傑克的父母也加入討論，炒熱了這場辯論的氣氛。一如預期，猶太人不論是誰都像政論家一樣口才便給。這場在用餐時間進行的激烈辯論，讓人感覺好像在參加韓國時事節目《一百分鐘討論》似的。

正當我為猶太人的邏輯能力，以及他們父母與子女之間毫不妥協的辯論文化感到吃驚之際，跟俊宇同齡、只有五歲的傑克突然插進大人激烈的辯論中，說道：

「我無法理解爺爺和奶奶在爭辯什麼。我在幼兒園裡有學到，每個人都有選舉權，所以必須尊重對方。爺爺、奶奶你們幼兒園的老師沒教你們嗎？」

當一個五歲的孫子介入成年人有關政治的敏感話題時，通常會被罵說是「沒大沒小」。但是傑克的家人比以往任何時候都更加高興，大加讚揚他可以將自己的意見表達得如此有條不紊。

猶太人諺語裡有一句話說：「即使是一個人累積了大量知識，還是有一些東西要向小孩學習。」猶太父母，甚至九十高齡的祖父，都會傾聽孩子的意見，並且向他們學習。他們教導孩子：「不要害怕表達你的想法，有話直說。」並且徹底教導他們任何人都有說話的權利，而且有權在家裡行使這個權利。

猶太父母教導孩子在對話和討論時，不要一味否定或批評，要先掌握對方想要表達的重點，然後再判斷其說話內容是否恰當。猶太人針對萬事萬物找出可能的錯誤，並且採取批判性的思考。

由於猶太人強調確實地表達自我的主張，因此他們絕不容許忽視別人的行為。猶太父母教導孩子尊重與自己爭辯的對手，尤其對老師和成年人的尊重，比韓國要求得還要嚴格。然而，在討論和爭辯之中，猶太父母並不會教導孩子「因為必須尊重成年人，所以要忍耐，不要說出自己的意見」。他們認為不管討論的對象是誰，就算是面對位高權重的人，也要理直氣壯表達自己的想法。

我在這個場合偶遇過一位猶太研究教授利伯曼（Lieberman），他是這麼說：

「我很歡迎學生批評我的意見或理論。沒有一個人的思想是完美無缺，我的理論可以透過批評和建議而更完備。而且，如果出現了比我更為優秀的晚輩，那將是我生命中最大的喜悅。」

在猶太人家裡，都會有一位著名的「脫口秀主持人」，有時候是爸爸，有時候是媽媽，有時候是叔叔，這個人會明智地引導出激烈的辯論。

我有一位在紐約從事律師工作的猶太朋友說：「父母留給我的遺產中，我最喜歡的就是他們教我『吵架不要吵輸別人』！」猶太人卓越的演辯技巧和判斷力，可說是從父母和他們的生活方式中代代相傳而來。

#21 說故事的想像力：亞龍的希伯來數碼學

什麼是激發人心的最強大力量？答案就是「說故事」。這是將想讓對方知道的事情，以一種生動有趣的方式來說服和表達，近來頗受矚目。「說故事」不僅在教育學領域被視為替代方案，運用於受限於框架的教育環境，也活用在商業、數學、經濟學和藝術等各個領域。經濟學家保羅．傑克（Paul Jack）曾說：「說故事會增加催產素的分泌，催產素是用於促進女性分娩的激素，催產素分泌越多，信任感和愛意就會越高。」而且，此一理論已經經過實驗證明。

說故事具有超越單純訊息傳遞的力量。TOMS 藉由推動每賣出一雙鞋，就捐出一雙鞋給阿根廷貧童的「一＋一活動」，立足於全球市場。TOMS 這個活動不僅累積了消費者對企業的道德信賴，同時也成為最佳行銷手法的代表性案例。

我的猶太朋友亞龍被譽為「記憶天才」，他在求學期間參加了以色列菁英計畫，之後取得美國普林斯頓大學經濟學博士學位，目前擔任麥克納大學（Claremont McKenna

College）經濟學教授。他在背誦或記憶的時候，主要是使用猶太人的影像記憶法，也就是希伯來文的數碼學——Gimatria。事實上，猶太記憶大師艾朗・卡茲（Eran Katz）可以只聽過一次五百位數的數字，就能正確背誦出來，是金氏世界紀錄的記憶王保持人，他也曾經介紹過希伯來文的數碼學。這是將必須默記的數字或單字，編成故事來記憶的一種方法，主要是將每個數字都賦予一個象徵性的圖像，然後將想要背的單字與象徵物連結。

愛因斯坦說：「想像力比知識更為重要。」父母跟孩子說故事時，要跟孩子分享自己對故事的感受，並且激發創造力的核心，讓孩子感受到想像力在腦海中成形。

千萬不要用「新生兒哪會懂什麼」的心態來跟孩子說話，即使是揹著孩子講電話或是看電視。我的猶太朋友蕾莫從她家老二出生的那一刻起，就不斷唧唧喳喳跟兒子說話。當這個只有兩三個月大的新生兒想要再吃，或是想要什麼東西的時候，她就重複一個特定的手勢來教他，並且鍥而不捨地教只會眨眼的小寶寶說「爸爸、媽媽」這兩個單字。當時我認為她只是在做個人秀，但是，從某一天開始，我驚訝地發現，這個孩子已經可以粗略地做出想要更多的手勢，還會說出發音雖然不清楚、但聽得出來是「爸爸、媽媽」

的聲音。

猶太人認為，說故事是自然地存在於日常生活的每個角落。猶太人從父母和祖父母學習到的「在家中對話的文化」，超越了房子、桌子、沙發、上學途中、車子裡等的時空限制，流傳了下來。透過在猶太學校的提問和討論，在猶太教會聽拉比說故事，在每週五安息日晚餐時間與家人分享彼此的故事，年輕的一代瞭解了父母的喜怒哀樂，也藉此明白世界萬事萬物。孩子從在家中分享彼此的故事，也很自然學習到父母的生活方式。

#22

猶太人成功的力量——安息日！

「寶貝，寶寶寶貝，寶寶寶寶寶貝～ Shabbat Shalom hey ！」

這是猶太人在安息日唱誦的一首歌。俊宇很喜歡這首每週五安息日在幼兒園都會唱、名為《寶貝》的歌。猶太民族一直遵守安息日的習俗，這個基於聖經的習俗已經融入猶太民族的社會和家庭，而在猶太學校（包括幼兒園在內）的安息日活動中，也不會略過說故事這個環節。拉比會說故事給孩子聽，孩子則從故事中獲得啟發。

安息日在每週五日落後，天空出現第一顆星星的時候揭開序幕。猶太人被稱為「流浪的民族」，散居在各地，所以安息日開始的時間也各不相同。猶太男人會在安息日去猶太教會，女人則在家裡準備潔食。潔食是指符合猶太教教規的「潔淨飲食」，是根據舊約聖經製作的一種食物統稱。除了猶太潔食之外，在安息日還會準備葡萄酒和辮子麵包。不論是居住在以色列或是美國，凡是有遵守安息日習俗的猶太人在這段期間都不會開車、使用電腦和電話等任何機械設備。

猶太婦女在安息日開始之前會準備好所有食物，並在家裡點上蠟燭。對於猶太人而言，除非有急事，星期五太陽下山之後就不要聯繫別人是一種基本禮儀。在以猶太人眾多聞名的紐約市曼哈頓街頭，只要過了星期五的午餐時間之後，經常可以看到頭上戴著基帕（猶太男性使用的一種小圓帽）、提前下班的猶太人。美國許多公司都尊重猶太人遵守安息日的文化，並接受它是猶太人日常生活的一部分。猶太人從父母那裡繼承的安息日傳統和文化，已經在他們所屬的社會中得到認可，在現代生活中也自然而然存續下去。

當然，並不是所有的猶太人都會遵守安息日習俗。我的猶太朋友中，遵守或不遵守安息日的人大約各半。然而，未遵守安息日習俗的猶太人在星期五晚上，也會與他們的孩子做更多的交流，並且準備特別的晚餐。

猶太思想家阿哈德·哈姆（Ahad Ha-am）曾說：「與其說猶太人遵守安息日，不如說是安息日保護著猶太人。」安息日又稱為「天堂的饗宴」，是解除一週的工作壓力和焦慮的時刻，在家可以與家人共度，在猶太教會則可以跟朋友、同事和鄰居相互交流。

因此，安息日對於猶太人來說，不僅能夠讓人放鬆身心，也是更大的能量來源。

以下是俊宇在他的猶太朋友馬太家中，一起度過安息日時所發生的事情。我認為安息日的最終目的是讓家族成員之間可以好好長談一下。以我們家曾經參加過的安息日來看，大部分安息日晚餐的時間都平均持續三至四個小時。所有家庭成員這時會圍坐在一起，分享各自過去一週發生的事情，並且說出其中最令人擔憂或印象深刻的部分。不論男女老少，大家都很自在地互相交談，而且談話的主題經常聚焦在孩子身上。馬太的父親自然會問孩子的學校生活和交友狀況，並且鼓勵孩子發表意見。

當時馬太的的姊姊艾蜜莉已經十歲，正要升上美國小學的三年級。艾蜜莉說，她擔心自己二年級時最要好的朋友在三年級會分到不同的班級，之後彼此會漸漸疏遠，對於如何維持友誼感到很苦惱，這時全家人都當成是自己切身的事情傾聽著。事實上，具有絕佳說故事能力的猶太人，總是會談及自己的童年經歷，並且不吝於提出建言。

在韓國屬於雙薪家庭的我們夫妻倆，其實很少有機會一起吃飯，在接受猶太朋友的邀請參加安息日晚餐後感觸良多。後來，我們家每個星期五也會準備特別的晚餐，讓這段時間成為我們傾聽俊宇談談交友情況、學校生活困難等心聲的寶貴時刻，也成為我們家人溝通互動的最佳良機。

在繁忙的現代社會裡，我們越來越少有時間全家人圍著桌子吃飯。家族一起用餐其實是家庭成員與不同世代之間進行溝通的教育場所。透過家庭成員之間的自然對話，可以分享並掌握孩子感興趣的事情和性向所在，並在情感上進行交流。猶太人認為，家裡就有許多輔導員和好榜樣，也有可以分擔彼此痛苦的朋友。因此，對猶太人來說，每週五的安息日，就成為讓所有家庭成員成長的無價時刻。

#23 甜蜜的讀書時間——睡前床邊故事

俊宇小學一年級的導師在開學日召開家長會時，曾經紅著眼眶說：「我的祖母坐在壁爐旁唸故事書給我聽的回憶，是我生命中最美好的禮物。」並且強調父母應該多唸一些書給孩子聽。

美國小學最重視的便是閱讀。他們有一種叫做「AR測試」的考試，就是將每本書的序號輸入電腦，然後回答五至十個問題。美國小學在學期開始時，會透過這項測試決定每個人的AR等級（水準），以及應該要閱讀的書籍目標數量。美國的國中一年級和二年級學生有一項作業是「每天讀書十五到二十分鐘」。從低年級開始持續不斷的閱讀課程，孩子可以閱讀各式各樣的書籍。他們從小學一年級開始，會將讀過的書籍書名、作者等條列出來，最後做成一本「讀書日誌」。此外，學校每年也會舉辦書展，學生在書展可以用低於市價的價格購買自己想要的書。

我周遭有個朋友的小孩飽受「理解障礙」（指過度閱讀，不了解字義、只是默背內容的症狀）之苦。因此，對於腦部發育尚未成熟的小孩，重要的不是無條件要求孩子閱讀大量書籍，而是要符合孩子程度、閱讀他們所喜愛的書籍。父母必須放棄貪念，不要一味要求孩子讀很多書，即便只讀一本書，也要培養孩子良好的閱讀和自我啟發的能力。

猶太人不把電視放在客廳裡

有一種說法是，「猶太人不把電視放在客廳裡」。猶太人不論在學校或在家，都會遠離智慧型手機、平板電腦和電視，並且把時間花在閱讀和討論。其實我的猶太朋友中，有些人家裡有電視，有些沒有。事實上，在現今社會中，就算我們家裡沒有電視，也會接觸到各種不同的視頻。有時，即使家人齊聚一堂，也是各自在玩自己的手機或平板電腦，宛如活在另一個世界，這就是我們的生活實貌。根據紐約州立大學精神醫學研究所的研究報告，青少年觀看電視的時間越長，注意力不足和學習障礙等狀況也會增加；而且，對於正在開始學習如何建立人際關係的孩子而言，也會產生負面影響。

根據英國的研究報告，在三十個先進國家中，韓國人的人均閱讀時間最少（二〇〇五年，英國）。韓國人在求學時期都埋首於課業，讀閒書是種無法想像的時間浪費。就算是進入大學，從升學壓力中解脫之後，為了累積未來就業的專業，依然沒有時間讀書；開始進入社會工作之後，則變成工作的奴隸，想要享受閱讀之樂，遂成為難以達成的事。美國《紐約客》的一位文學評論家米斯里・拉（Mythili Rao），曾經發表了一篇標題為「韓國能否在政府的大力支持下獲得諾貝爾文學獎？」的專欄文章。她在文章中揭露了韓國人不讀書的真相，並且批評這樣韓國卻想要拿到諾貝爾文學獎，真是一種諷刺。

韓國東北亞歷史基金會公共關係組的組長曾呼籲員工要多讀書，他說：

「不要以沒有時間看書當藉口就不閱讀，請培養閱讀的習慣。雖然整天都被綁在工作上，但是我們並非一天二十四小時都在工作，活用閒暇時間養成閱讀習慣十分重要。因為我們不是只會工作的機器人。人是一種會思考的動物。」

當時我剛剛進入職場，這段話成為我人生的一大指南。

猶太父母會全心全意將孩子培養成為熱愛閱讀的書迷。對於猶太父母來說，孩子就寢時間是一個絕佳的機會。父母從嬰兒時期開始，就唸故事書給孩子聽的話，可以刺激孩子的大腦。還不識字的孩子，也可以透過父母唸的故事書中，接觸到不同的文句，增加詞彙，還可以培養有創意的想法。

猶太父母在唸故事書給孩子聽的時候，也會展現了他們卓越的說故事能力，他們將無聊的文字賦予生命力，成為鮮活的故事。這種生動有趣的故事會引發孩子強烈的好奇心和想像力。

不過花太長時間唸故事書給孩子聽往往成效有限，所以每天只要花十到十五分鐘就已足夠；而且不是硬邦邦逐字唸出來，是要用不同聲調，像演戲似的，唸得生動又有趣，以吸引孩子。神奇的是，我周圍的猶太媽媽在唸書給孩子聽時，全都媲美講童話的專業演員，她們也很容易就找出孩子喜歡的書唸給他們聽。因此，這些孩子中，不乏有人可以將故事內容倒背如流，猶太父母也會藉著有趣的故事內容，向孩子傳達自己的體悟。父母從講述的各種故事來加以教導，是孩子最好的學習方式，猶太父母每天都重複在做這樣的事。

比閱讀更重要的是，誘導孩子對書本裡的內容自由提問。猶太父母會向孩子拋出各種與故事內容相關的問題，來拓展孩子的思維範疇。與其由父母直接告訴孩子故事中所隱含的教誨，不如提出問題讓孩子自己找出來。尤其是在《塔木德》（有長達一萬二千頁的各種不同故事）中，就蘊含著各式各樣的課題，這也成為猶太父母說故事的工具書，以及智慧的寶典。

PART

4

讓孩子成長的
英明母親

永遠在黑暗中露出光芒。

——埃利・維瑟爾

A-7713。這是作者埃利・維瑟爾被囚禁在奧斯維辛集中營時，刺在左臂上的拘留編號。「我永遠不會忘記那個夜晚，在集中營的第一個晚上。它把我的人生活變成了一個漫漫長夜。」身為猶太人大屠殺的倖存者，他在《夜：納粹集中營回憶錄》這本書裡，將自己遭遇到的殘酷經歷告諸世人。埃利・維瑟爾所陳述的極端痛苦和壓抑，正是猶太人過去受到的可怕迫害。這段不應再重複的歷史，帶給猶太人的教誨非常明確和強烈。埃利・維瑟爾也因為挺身呼籲世人譴責種族主義的鬥爭，獲得一九八六年的諾貝爾和平獎。

鯊魚沒有魚鰾，沒有魚鰾的魚不能在靜止的水中生存。即使因為太吃力想休息一下，鯊魚也不能休息，因為只要稍微休息一下，魚身就會往下沉而死去。因此，為了求生存，鯊魚一刻也不能停歇。我們無法想像鯊魚為了要生存下來所忍受的痛苦；不過，沒有魚鰾的鯊魚最終擊敗了眾多的魚，成為海中的絕對王者。

#24 區分目標與目的的英明媽媽

俊宇升上小學二年級的時候，我曾擔任他們課堂的助理教師。當時，偶爾會看到幼兒園的新生跑來跑去的模樣。那是一群讓我總是想起「俊宇也曾經這麼小又這麼可愛」的開朗孩子。俊宇的班導師跟我一起看著這群孩子，然後說：「這正是最快樂的時光。應該是要無憂無慮跑跑跳跳，盡情玩耍的時刻。」

突然，我想起一段俊宇幼兒園時期的往事，那是在育兒過程中最令我感到遺憾的事。當時俊宇一個英文字母都不認得，被編入幼兒園中的第三組（共分為四組），我和俊宇之間的戰爭也從此展開。當時我以這輩子未曾有過的喝斥方式來教育自己的孩子，只要俊宇著色有點慢，或是看不懂、看錯英文字母，就不顧他的自尊心大聲斥責。如今想來，我對自己這樣的行徑真是後悔不已。

俊宇上的小學，也根據孩子的閱讀水平，將每班分為四個小組，然後根據不同的程度學習不同的課程內容，孩子的母親們則有意無意之間關心著分組的動向。美國母親表面上看似不在乎孩子分組情形，實際上只要自己的孩子分在程度比較低的組別，就會神不知鬼不覺地幫孩子找個短期家教，一旦孩子又升到程度較高的組別，達到了目標後，就停止課外輔導的課程。

目標和目的之間有著明顯的差別，目標是達成目的的實際指標。另一方面，目的則是想要實現的事情或是前行的方向。大多數的媽媽都沒有明顯的目的，只是把孩子推向眼前的目標。有時只因為媽媽喜歡拉小提琴，就把想學鋼琴的女兒送去學小提琴。

俊宇上幼兒園時，我的目標就是讓他被編到程度最高的第一組。然而，達成了目標後才發現，在這群程度不相上下的孩子中，編入第一組並不會有什麼太大的變化，反而有更大的挑戰。明確的目標相當重要，然而，目的不明確的目標，則會像失去方向的弓弦。

猶太父母對這種分組全都不為所動。他們只會根據自己的教育目標，制定一個長期的計畫。尤其是在低年級時，他們認為孩子屬於哪一組並不重要，比較關注的是孩子跟朋友玩耍的情形，主要鼓勵孩子發展友誼及培養社交能力，並且讓孩子找出自己的興趣，然後有條不紊累積實力，隨著升上高年級，實力也日益精進。

對於猶太父母來說，最重要的事情就是，教導孩子即便小事也由自己決定和選擇。為了讓孩子做出更好的選擇，他們讓孩子熟悉選擇的技巧，並且學習對自己的決定負責。**猶太人從小就接受這種「做出最好選擇法」的教導，這成為一項強而有力的關鍵，讓他們得以面對人生一連串的選擇。**

我們是為了什麼目的，走向我們眼前可見的目標？是為了什麼目的來教育孩子？是為了填補自己貪念的目標，或是為了孩子幸福來引導孩子走向正確道路的目的？若是忘了讓孩子「尋找幸福」的目的，只是強迫孩子滿足眼前的目標，將無法拉好生命之弓。

#25

雖然跟別人不一樣，但你是特別的！

有一則著名的廣告文案是這樣寫的：「當所有人都回答YES的時候，要有回答NO的勇氣！」對於無法拒絕別人的請託、面對所有詢問都只能回答「是」的我來說，這則廣告文案令我感到難以置信，也是一個全新的震憾。然而，如果我們真的擁有了這個能力，似乎就能成為一個更好的「我」，也能形成一個更好的「社會」。而且，透過猶太媽媽，我實際體會到這則廣告文案所隱含的重要教誨。

珍妮佛是一名上班族，也是位猶太媽媽，她的兒子亨利目前就讀於紐約曼哈頓的著名公立學校。亨利從小就喜歡看書，他小學四年級的時候，珍妮佛曾建議學校讓亨利參加美國教育部的「菁英計畫」。然而，學校卻判定亨利是一個「英語閱讀理解能力不足」的孩子，因為亨利平常在學校裡是個沉默內向、完全不起眼的學生，對於老師所提的問題，也不曾明確表達過自己的意見，因此沒有任何老師認為亨利是一個天才。然而，珍妮佛不接受學校的判定，要求進行測試，結果亨利的得分高於同學年其他學生的分數。

而且，自第二年起，亨利便參加了美國教育部的一項「菁英計畫」。

猶太文化以明確表達自我主張而聞名，在這種文化中，亨利的內向性格可能被認為是「異常」。但是珍妮佛並沒有強迫亨利像其他猶太兒童一樣，成為一個嘰嘰喳喳的孩子。珍妮佛發現了亨利「與眾不同的特性」，並且認可其價值。此外，在接到學校告知，亨利「英語閱讀理解能力不足」的結果時，珍妮佛能夠勇於提出異議，這則是來自於身為父母的「確信」。雖然亨利跟其他猶太兒童有些不同，但是珍妮佛堅信從小就熱愛閱讀的亨利，必定具有出色的英文閱讀和寫作能力，最後終於使她兒子從「能力不足」變成了「天才」。

俊宇的朋友盧卡斯則是一個不喜歡遵守規則的孩子。當大家應該聽老師講故事時，他就畫畫，當大家在聽寫時，他就讀書。美國公立學校都設有規則，並且會嚴格管教兒童行為，盧卡斯這種行為便造成了問題。盧卡斯的母親貝琳達不得不與學校相關人員會面好幾次。盧卡斯的一年級導師認為盧卡斯有注意力不集中的問題，並向教育廳申請了一位特教老師協助。

但是，盧卡斯的母親確信，盧卡斯並非注意力無法集中，只是不論任何東西，他都比其他孩子更快學會，因此對於學校所教的內容，很快就感到厭煩，然後注意力就開始渙散。因此，她認為只要在不妨礙別人的情形下，採取自由的方式來教育他，並且教導他即便感到厭煩也要懂得忍耐的方法，問題應該可以解決，所以她請求學校再觀察幾個月看看。

在每個星期五發表「對我而言特別的東西」的時段中，大多數孩子都會帶家裡的玩具來。但盧卡斯卻是在同學面前發表他在校園裡發現葉子上「OOX」的圖案。在老師眼中，盧卡斯可能不是一個正常的孩子，但是他的媽媽堅信，盧卡斯是一個特別而有創造力的孩子。

在媽媽堅持不懈的說服之下，盧卡斯終於擺脫被判定為注意力缺失症的問題兒童。而且，升上二年級後，盧卡斯央求老師讓他在所有同學面前演奏自己從四歲開始學彈的鋼琴。起初老師一直把盧卡斯的話當耳邊風，直到有一天，盧卡斯遞給老師一張厚厚的紙，原來他把自己為什麼想彈鋼琴的理由和計畫，做成了一張小海報。老師被盧卡斯這種熱情感動，決定給盧卡斯一個機會，在全體二年級學生面前演奏鋼琴和說明。

盧卡斯家裡沒有鋼琴，所以他平時用畫在紙上的鍵盤來練習。音樂會前一個星期，貝琳達才第一次幫他借了鍵盤。最後，盧卡斯成功地在學校禮堂彈奏鋼琴給所有孩子聽。學校的老師和工作人員親耳聽到盧卡斯的表演和說明之後，重新將盧卡斯評為一個「充滿熱情和聰明的孩子」。

盧卡斯的故事給了我相當大的感動與啟發。在貝琳達對自己孩子抱持的信任和信念之下，盧卡斯由一個被評斷為注意力缺失症的問題兒童，變成一個富有創造力和散發光芒的特殊兒童。盧卡斯將會牢記一輩子，這就是父母的信任、愛和信念的力量。

為什麼有這麼多的父母對於自己的孩子究竟正常與否，總是提心吊膽又忐忑不安？所有這些憂慮都是由於未來難以預測，充滿了不確定性。現今有許多父母都期待自己的子女能夠超越「正常」的孩子，成為「完美」的孩子。然而，我的猶太朋友則是接受孩子的原貌，不做過度期待，他們尊重孩子的性格，並且認為是別具意義。同時，猶太父母深信，每個孩子都有獨特之處，並且支持孩子發揮自己的特長。

愛因斯坦的故事常常被視為猶太人的成功典範，雖然小時候每個人都認為他是個傻瓜，但是愛因斯坦的媽媽相信並且等待著自己的孩子發光。我的猶太朋友也認為，愛迪生的媽媽面對想要孵蛋的兒子，沒有攔著他反而鼓勵他的故事，絕對是「可能的事」。

在偉人傳記中，那些偉人父母所做的事，我的猶太朋友已在日常生活中付諸實踐。

有句著名的猶太人諺語說：「如果有一百位猶太人，就有一百個意見。」這意味著每個孩子都有不同的性格。因此，每個孩子都具備不同的特質，父母必須早日掌握孩子的特點，找出適合的養育方法。

#26 尋找自己喜愛的事情需有被討厭的勇氣

猶太父母並不期待培養出一個全能的「優等生」。相反地，他們認為「優等生」就像是沒有明顯專長的「平凡孩子」，沒啥特別之處。**猶太父母養育孩子的目的相當明確，就是讓孩子找出自己喜歡的事情，並且不遺餘力支持孩子去做喜歡做的事**，同時試圖凝聚孩子的能力。

但是，大多數人都不知道自己究竟喜歡什麼。那麼，為什麼我們很難找出自己喜歡的事情呢？為什麼我們的孩子要花很長的時間，才能了解到自己的興趣所在呢？

「想要變得幸福，就必須有被討厭的勇氣。」

猶太心理學家阿德勒如是說。只為獲得父母、老師、親朋好友等他人認可的孩子，若想要找到自己所喜愛的事情，就必須具備「被討厭的勇氣」。若為了獲得真正的自由和幸福，即使不被別人認可，也需要有勇氣去忍受。

許多韓國父母經常試圖透過孩子去完成自己未能實現的夢想。孩子若為了父母的期望而非自己的興趣去學習，不太可能獲得滿足感和成就感。

猶太人認為，孩子不是父母的財產，只是一個暫時待在父母身邊、需要父母來照顧的個體。**父母不能依照自己的想法來養育孩子，而是要幫助孩子找到自己想做的事情，並且好好發揮**，這才是重點所在。他們相信，如果你去做別人期待你做的事，雖然可能成為那樣的人，但是如果你做了自己想做的事，才可能成功。

我的姪子是個國中生，在韓國經常要補習補到凌晨一點，才能結束一天的功課。大部分韓國學生的行程，都是每天早晨六點起床，只睡四、五個小時，其他時間都在唸書。

喜歡旅行的猶太家庭，即使孩子是考生，每逢周末也會安排家庭旅行。相較於韓國學生投資在學習的時間，猶太孩子坐在書桌前的時間明顯較少。但是真正為世界開創令人讚歎、全新格局的人，並不是長時間待在書桌前的我們，而是猶太人。

猶太父母致力於讓孩子尋找會覺得有幸福感的事情，因為想要做的動機很強烈，才會整天待在某處，例如倉庫裡，玩出一些科學發明物或是新理論。但是，如果動機不足，只是坐在書桌前，就會失去效率，浪費時間。

當然，猶太父母對自己孩子也有期許。猶太人認為閱讀比任何事情都更重要，因此希望自己的孩子喜歡讀書。但是他們不會強迫孩子閱讀。就像「書本塗著甜甜的蜂蜜」這句話一樣，猶太人教導孩子讀書是甜蜜的事，並且試著讓孩子對閱讀產生興趣。一旦孩子體驗到閱讀的樂趣，就會自動自發找書來讀。

任何人如果發現自己的理想和興趣，就會自主學習。為了找到這個理想和興趣，則必須具備「被討厭的勇氣」，因為我們並不是過著別人的人生。我們的孩子要具備可以忍受別人批評的勇氣，才可能獲得實現幸福的真正自由。孩子憑藉勇氣所獲得的興趣，將成為其人生明確的生活目標。一個擁有明確目標的孩子，將擁有奇蹟般的熱情，投入於學習及工作之中。

#27

直升機媽媽vs掃帚老師

有一種「直升機媽媽」，意謂著總是繞著孩子周圍團團轉，過度干涉和保護孩子。還有另一種「掃帚媽媽」，則是指只有在孩子面臨重大問題時，才用掃帚幫孩子清除障礙，否則盡可能不加以干涉。不過，猶太人則是更進一步認為，**父母適合擔任教導孩子如何拿掃帚的「掃帚老師」角色，也就是父母應該教導孩子，如何辨別自己所面臨的問題。**

讓還未成熟的兒童懂得如何自行區分障礙的方法，將成為他們判斷是非和正義與否的一個指南針。而且，猶太人相信，每當孩子遇到阻礙時，父母教導他們如何清除障礙，而非在孩子需要幫助時，積極挺身而出，才是孩子最佳的人生導師。

當我還是個職業婦女，不得不在公司和家庭之間兩頭忙，同時又要照顧俊宇，當時的我，沒有「不行」這個詞。我竭盡所能照顧俊宇，深怕有所不足，經常追著他餵飯，時時牽腸掛肚，結果，俊宇成為一個小霸王，生活習慣一團糟。當然，孩子年幼的時候，應該目不轉睛、片刻不離加以照顧。可是，猶太父母一旦到了孩子可以沒有父母保護也相當安全的年齡時，就開始努力培養孩子的獨立性。

在俊宇就讀的猶太幼兒園中，大部分超過十五個月大的孩子，都已經學會如何使用簡單的玩具，並且可以自己按按鈕來玩。四歲以上的兒童在睡午覺時，會自己鋪床疊被。到了六歲時，幾乎在幼兒園裡所有的事情都可以自己解決。幼兒園教師為了訓練孩子變得獨立，需要花費兩倍的心力。

年幼的孩子會犯錯是家常便飯，有時候因為調皮，可能要花好幾倍的時間來教。大多數老師會認為直接幫忙孩子比較省事，但是為了讓孩子學會「如何獨立」，老師必須要忍耐和等待。到了七歲時，孩子則要能夠自己洗澡，並且學會拿尿布給媽媽來幫弟弟妹妹換等簡單的家務。猶太媽媽們從孩子小時候開始，就讓孩子分攤家務，使他們了解工作的價值，並且培養自立心。這將教導孩子有責任感，提高孩子的獨立自主性，進而具備自信心。

猶太人的成年禮比其他國家早五到八年。在十三歲的時候，他們會分別為兒童舉辦被稱為 Bar Mitzvah（男子）和 Bat Mitzvah（女子）的成年禮。因此，猶太兒童在更早的階段就具備獨立的人格，也提早學習到責任感。在猶太教會舉辦的成年禮，會有許多親朋好友參加，給予祝福。受成年禮的主人翁，則要在所有出席者面前發表感想。

依照猶太人的習俗，出席成年禮的人會提供現金補助，一般都是以猶太人的幸運數字「十八」來包禮金，最常見的是一百八十美元左右。猶太父母會將成年禮當天收到的這筆錢存下來，日後做為孩子上大學或開始社會生活時之用。

雖然父母可以幫助孩子，但是孩子憑藉自己實力獲得的成就感，將會讓他們引以為傲，這點切莫忘記。讓孩子找到自己的能力和本性，規劃自己的人生，父母從旁協助，這才是我們真正的角色。

我從猶太媽媽、幼兒園園長和老師那兒聽到很多故事，都強調當孩子站在選擇的十字路口時，切忌使用「必須」一詞。他們會建議，除非是一定要訓斥孩子的時候，否則不要使用「必須」這個字眼，並且異口同聲指出，即便是小事，也要讓孩子可以做自己人生的主人，因此父母養育孩子的態度很重要。

在孩子面臨選擇的時候，父母親應該站在旁觀者的角度。因為命令孩子「你必須這樣做」！將使孩子成為沒有規劃能力、沒有主見的人。母親可以分享自己的經驗，然後問孩子說：「媽媽這麼想，你怎麼看呢？」誘導孩子獨立思考，才是明智之舉。

猶太父母就是如此教導孩子，讓孩子可以自由自在拿著自己掃帚，並且成為最好的掃帚老師。

#28

透過傷口成長的孩子

有一天，我的猶太朋友亞龍和斯格列特問我：

「妳知道為什麼很多數學家和科學家都是猶太人嗎？」

「嗯！我想或許因為猶太人天生是天才吧？特別是俄羅斯裔的猶太人，當中有許多數學家和科學家，他們大舉移民到美國和以色列，對於美國和以色列的數學和科學貢獻良多，不是嗎？」

我說出一直以來的想法後，亞龍回答說：

「位於俄羅斯旁邊的烏克蘭首都基輔一帶，大多數大學的數學系都被稱為『小型猶太教會』，因為大部分學生都是猶太人。那麼，為什麼俄羅斯和烏克蘭地區大多數猶太人都擠到數學系去呢？」

我頓時無法回答。

「因為大多數俄羅斯人和烏克蘭人都不喜歡唸數學系，所以才會有這麼多猶太人不得不成為數學家和科學家。在俄羅斯這個共產主義國家，這是身為異鄉人的猶太人別無選擇的命運。」

針對「什麼是猶太人成功的核心」這個問題，我已經問過數百遍，每次的答案都不盡相同。但是唯一不變的事實是，猶太人痛苦的歷史，扮演著催化劑的角色。猶太人飽受迫害和壓迫的過往，使他們更為務實。所謂的「猶太人精神」是猶太教、哲學、歷史和文化的結合所形成的催化劑，其關鍵則是重視智慧和教育優先。

許多民族都曾經遭受各種形式的迫害。當然，其輕重是難以比較的。只是，猶太人在承受苦難之中，培養出具有想法和思考的能力，因此培育出許多猶太哲學家和心理學家。而且，為了自我保護，猶太人重視經濟能力，並且累積大量財富。此外，為了實現更美好的世界，猶太人也身先士卒。但是，猶太人最重要的原則莫過於「重視智慧和教育優先的猶太人精神」。**猶太人比任何人都更清楚了解，一切都可以被奪走，唯有頭腦裡的智慧是人類可以真正擁有的東西。他們身處冷漠的異邦，深刻體會到保護自己和家人的唯一途徑，就是透過「教育」。**

逆境後的甜美果實

放學後，俊宇一見到我，就一臉頹喪向我抱怨說：「今天真倒楣！」因為他在下課休息的時候，和其他同學們一起玩，結果跌倒弄傷膝蓋，擦了消毒藥水，然後因為我建議他用色鉛筆做數學作業，結果讓他被老師責罵。我原本想，俊宇不喜歡做數學作業，為了引發他的興趣，建議他用色鉛筆來寫看看。結果放學後，俊宇的作業本被放在底下，最後一個從教室裡出來。

看到俊宇膝蓋上的傷口，我感到很難過。然而，對俊宇造成最大傷害的，並不是膝蓋上的傷口，而是老師的責罵。俊宇從幼兒園到一年級，一直都是班上老師經常在同學面前稱讚的「好榜樣」，因此，對於抱持完美主義的俊宇來說，被老師責罵讓他的自尊心遭到莫大打擊。

「是媽媽要我用色鉛筆去寫作業的，所以，請您去告訴老師。」俊宇說。

我對情緒激動不已的俊宇說：

「如果老師又責怪你的話，你就試著直接告訴老師說，這是媽媽建議的，而且你也覺得用色鉛筆沒什麼問題。然後詢問老師為什麼責怪你？你覺得如何？」

我鼓勵俊宇試著自己去解決這個跟老師之間的衝突。

第二天（每個星期三我都會去俊宇學校擔任助理教師），我從他的老師那裡，聽到了一件奇妙的事。俊宇平常十分害羞又不太敢問老師問題，早上卻跑去找老師，問老師為什麼不能用色鉛筆寫作業。老師面對紅著臉來問問題的俊宇，詳細解釋為什麼不要用色鉛筆來做作業的原因。俊宇知道了之後，就答應老師不會再用色鉛筆寫作業。

我其實並沒有期待俊宇會鼓起勇氣去問老師。我以為他就算真的鼓起勇氣跑去找老師，最先說出口的話八成應該是：「是媽媽叫我用色鉛筆做作業的。」後來，我問他為什麼不告訴老師是媽媽要他這麼做，他回答道：

「就算我說是媽媽要我做這麼做的，又會有什麼不同？我覺得這麼說沒有必要，所以就沒有告訴老師。而且，昨天老爸有跟我說了一些話，沒想到都被他料中，真是太神奇了。今天真是美好的一天！」俊宇無法掩飾自己的興奮。

我深信俊宇在經歷過這個自尊心受損的小小試煉之後，得到了一些智慧和教訓。

包括我在內的許多家長都重視所謂的「讚美教育」，結果似乎讓孩子誤以為自己是世界上最聰明、最完美的人。如果孩子沒有如願以償就會發火，遭遇到一些小小的問題就會放棄，把自己的責任推到別人身上。韓國有許多孩子由於成績不佳而自殺的例子，都是因為無法接受挫折或批評所致。在遊戲之中，只懂得贏、不懂得輸的人，一旦輸了比賽，就會陷入失敗和挫折感之中無法自拔。如此一來，將無法再次挑戰和演練，也沒有獲勝的機會。

突然間，我想到，自己早上看到俊宇在學校跌倒受傷的膝蓋，忍不住嘮叨說：「走路小心！不要跑！」感到很慚愧。因為擔心孩子的膝蓋受傷，就要求一個正在成長中的孩子不要跑跑跳跳，究竟能讓孩子體驗與學習到什麼呢？

換成是猶太父母，當孩子跌倒受傷時，他們會告訴孩子，膝蓋受傷一定覺得很痛，所以要自己學會如何不跌倒。這樣，之後如果又再跌倒了，就不會把傷口當成很嚴重的事情，可以一下子就再站起來，進而培養出堅毅的性格，並且能夠真正成長。一個孩子若是被老師責罵了，自尊心受損，這時候教導孩子培養出戰勝逆境的能力，是很重要的。

這件事發生的前一天下午，我先生帶著一整天悶悶不樂的俊宇去買冰淇淋。他在車上指著「太陽」，跟俊宇展開了一段對話。

「俊宇，那顆太陽接下來會怎麼樣呢？」

俊宇回答：「很快就會下山，然後就天黑了。」

「然後，明天太陽又會如何呢？」

「到了清晨，太陽會再次升起。」

「俊宇啊！就像太陽落山之後又會再升起一樣，今天你在學校過了難受的一天，所以明天對你而言，將是全新的一天！」

事實上，俊宇今天過得很十分開心。我的猶太朋友告訴我，孩子必須從小就培養出面對危機的堅強意志和信念。因為他們相信孩子克服逆境之後，將可以學到寶貴的人生教訓。

《安妮日記》的主角安妮，正是在瀕臨死亡之際，憑藉著寫日記堅持下來。生命是一連串的忍耐。孩子在寬闊的操場上跑跳玩耍，也學習到人生的經驗。如果種子被踐踏了無法發芽，又如何在經歷各種風霜後開花結果呢？小時候經歷過適當的逆境，長大成人後，才能夠在廣大險惡的世界裡，培養出堅強活下來的力量。

#29

孩子的自信是終生資產

邁克爾是位猶太裔數學家，出生在俄羅斯，在蘇聯解體後與父母一起移居以色列。邁克爾在說到自己成為當代數學家的契機時，毫不猶豫說出他與父親之間的一段小插曲。

那是邁克爾十一歲時的事情。他的父親是一名工程師，當時他引導邁克爾去解一個非常困難的數學題。雖然邁克爾是個熱愛數學的少年，但是面對這個從未見過的難題，也是絞盡了腦汁，過了三十分鐘之後，依然不得其解。然後他父親走了過來，邁克爾滿心期待「爸爸現在會告訴我解題的方法」之時，父親卻叫他再想半小時，並且說「這一次，竭盡所能再嘗試解看看」。邁克爾覺得自尊心受到傷害，於是再努力解這道數學題。然而，他使盡了全力，還是想不出解題的方法。三十分鐘後，他的父親又走進來。邁克爾試圖告訴父親，自己已經盡力，但還是解不出來。但是此時，他父親卻說：「這道題目即便想破頭也無解。」邁克爾很生氣，覺得父親真是不可理喻，心想「爸爸為什麼要給我這道無解的難題來浪費我的時間」。此時，邁克爾的父親說道：

「我希望未來你在人生當中，切莫忘記現在這一個多小時竭盡所能的努力過程。這種投注所有心力的熱情，對你的人生會有極大的助益。」

邁克爾強調，他從父親那裡學到不斷研究無解的數學題的能力。後來，邁克爾成為一名研究紐結理論（Knot Theory）的數學家。十一歲的邁克爾，在那個短暫時間內感受到的挫折，成為他終生的資產。

法國文學家巴爾札克說：「苦難對於天才而言，是一塊墊腳石，對於能幹的人而言，是一筆財富，對於庸人卻是一個萬丈深淵。」沒有感受過挫折和克服的過程，很難體會到成功和真正幸福的喜悅。

我的猶太朋友傑西卡是美國波莫納大學（Pomona College）的心理學教授，他透過臨床試驗也得到類似的結論。在實驗中，傑西卡提供一些無解的難題給一群十一至十五歲的青少年，要求他們解題，結果相當有趣。其中，第一類青少年自始至終都十分專注於解題；第二類青少年則是中途就覺得解不出來，難為情笑了笑，宣布放棄；最後一類青少年則是一看到問題，就無法掩飾怒氣，臉上顯現出失望和受挫的神情。

傑西卡從針對這些孩子父母所做的問卷調查中，發現一個令人驚訝的狀況。平時常會從父母親那兒接受到有關挫折、困難和逆境教育的孩子，大部分屬於第一類，最後一類青少年的父母親並不重視挫折教育，但對孩子的要求卻比較多。

當孩子感到沮喪時，父母的態度有可能讓孩子得以克服挫折和變得成熟，也有可能讓孩子成為害怕失敗、不肯接受結果的人。為人父母者，可能願意為孩子犧牲一切，連天上的星星都想替孩子摘下來。因此，有的父母會十分慷慨給孩子許多零用錢去買東西，有的甚至買了比周遭朋友更好的手機，當做是送給孩子的禮物。甚至有些「蠻橫」的父母會替孩子找工作，有時還會出手毆打那些做事不合自己孩子心意的老師或老闆，替孩子出氣。

猶太父母則是會明確教導孩子，世界上所有事情都無法隨心所欲。他們教導孩子每當遇到為了得到想要的東西而不得不排隊等候、遭遇挫折和逆境，或像無法解開數學題等等情況時，如何學會忍耐與克服的方法，並視為人生中理所當然的一部分。因為當暴風雨來臨之際，能夠保護自己那艘船的人，不是父母，也不是朋友，而是孩子自己。

懂得享受競爭的孩子

俊宇的學校曾推動一個名為「一百英里」的馬拉松計畫。學校在每週五讓每個孩子都跑步一個小時，在一年內達成一百英里的孩子，則頒發紀念獎章。俊宇和湯瑪士在同一年級中保有最高記錄，他們互稱對方為「可敬的對手」。每週五放學後，他們都會互相檢查對方過去一星期的記錄。

雖然激烈的競爭有令人畏縮、焦慮和失敗的消極面，不過，它也會成為刺激頭腦的興奮劑，以及發展到下一個階段的機會。我的猶太朋友不會猜忌和嫉妒那些比自己更優秀的人，反倒是全力專注於競爭所帶來的發展。就算彼此競爭之後，其中一個人勝出，也不是將自己與對方做比較，而是聚焦於自己是否有所成長。

我有一個猶太朋友是律師，她三歲時從俄羅斯移居美國，面臨到比任何人更激烈的競爭，這種優勝劣敗的挑選一定會帶來挫敗，她克服的方法，就是「學習」。我這位朋友畢業於哥倫比亞大學法學院，並在紐約曼哈頓擔任財務律師，為了在激烈的競爭中存活下來，她可說是竭盡全力。有一天，她告訴我說：

「如果我發現比我更優秀的人，我不會把對方當成敵人，而是會試圖觀察，努力學習對方身上的長處。如果可能的話，找出一種雙贏的方式。事實上，在競爭中最大的敵人，就是自慚形穢的自己。」

人生在世，其實最大的敵人不是別人，而是自己，我的猶太朋友所說的這段話，讓我沉吟良久。

我們的孩子以後面臨的世界，將比現在更加艱難，競爭也益發激烈。每當孩子經歷大大小小的困難之際，媽媽可以從旁提供什麼協助呢？若是聰明的母親，應該是培養一個能夠從容面對激烈競爭的孩子。

誰知道呢？所有經驗都有其價值

這是俊宇在「玩耍日」時去同學家玩發生的事情。在科爾家的後院，養了三隻雞，旁邊還有一個鞦韆和溜滑梯。孩子就在後院和雞群一起跑跑跳跳，玩著各式各樣的遊戲。

科爾和他的弟弟、妹妹經常堆沙堡，弄得全身都是泥漿是家常便飯。

看到這種情況，我老是擔心著：「如果俊宇的衣服弄髒怎麼辦？如果被雞啄傷了怎麼辦？」由於心裡感到不安，所以總是跟在孩子屁股後面跑來跑去，所以在「玩耍日」結束之前，就已經筋疲力盡。此時，科爾的媽媽丹妮耶拉告訴我：

「不要把孩子保護得密不風。想想看，妳可以保護俊宇到幾歲？從現在開始，讓俊宇自己有更多的體驗，用開放的心胸來培育孩子是非常重要的事。如同注射預防針是為了培養孩子的免疫力一樣，從各種不同的經驗中直接學習的孩子，會具備更強的生存能力。」

我們在孩子面臨挑戰之際，往往自信滿滿地建議孩子說：「我的人生經驗豐富，所以知道該這麼做才對。」因此，不論是孩子上哪所大學選什麼科系，或是找新的補習班，乃至交朋友等，都一一提出意見，仔細想想，這些其實都是一種干涉。而且，不僅是家人，甚至包括朋友、親戚、鄰居等等，都會不停提出種種自以為是的忠告。這種來自周遭人士所傳達的經驗和故事，不知不覺間成為一種揭示他人挑戰新道路的「妄想望遠鏡」，這種「全能博士」不僅隱藏在家人之中，也散布在我們周圍，不時指點我們：「這麼做會失敗，那麼做才會成功！」

於是，孩子心中的夢想，就在這群自以為是的成年人建議之下，遭到漠視，也因此阻擋孩子開啟全新體驗的大門。

在我的心中有一個障礙，有一個聲音在說，我想要，我想要，我真的很想要！每天下午都會出現，然而當我試圖壓制它的時候，它變得更加強大。

——猶太裔諾貝爾文學獎得主索爾．貝婁（Saul Bellow）

猶太人對於身旁的人，包括家人在內，所做出的挑戰性決定，都會鼓掌叫好，並且不吝於伸出援手。例如我的猶太朋友亞龍和斯格列特夫婦倆，他們的大女兒伊登即將唸大學，在校成績數一數二，但卻破天荒決定去以色列從軍時，這對父母依然給予支持。他們認為這是為人父母對孩子的承諾，可是我卻完全無法理解，對於我的質疑，他們的回應是：

「Who Knows？」（誰知道呢？）

因為他們認為伊登在以色列將會經歷些什麼、這些經驗將如何改變她的未來都是未知數。她媽媽斯格列特從學生時代就被稱為物理天才，爸爸亞龍是在普林斯頓大學取得經濟學的博士，擔任經濟學教授，都不會貿然干涉女兒的人生。因為沒有人知道什麼才是最佳選擇。但是當孩子決定要挑戰什麼的時候，至少會得到一個具有價值的成果，那就是「經驗」。在人生過程中，當孩子做出新的決定和挑戰時，以「Who Knows」這句話，帶給孩子希望，就是最好的回應。

失敗將累積成為經驗，並且轉化為成功的基礎。比失敗更可怕的是未能透過失敗，有所體悟，更令人恐懼的則是因為害怕失敗，而畏於挑戰，這樣就如同放棄人生所有的機會。事實上，許多世界偉人都經歷過諸多逆境和失敗，當他們失敗了、從中獲得教訓和啟發，再進一步發展，得到成果時，偉人於焉誕生。

許多家長希望替孩子做好所有的事情。如果你是想要為孩子指引捷徑的父母，不妨捫心自問：「我所選擇的道路，對孩子而言真的是一條捷徑嗎？我確信這個選擇是對的嗎？」

原本有機會成為鯊魚的孩子，會不會因為父母要求，去走捷徑，反而剝奪他成為海中之王的機會呢？雖然可能真的有所謂的捷徑，但是它也可能成為阻擋成功、剝奪孩子累積經驗和發展機會的選擇。

請記住，**讓孩子足以忍受逆境、並在痛苦中具有像「不倒翁」般、可以跌倒再爬起來的堅毅性格，將是父母能夠留給孩子最好的資產。**

#30 依照孩子自己節奏運轉的特殊時鐘

俊宇進入幼兒園之前，我最大的煩惱就是如何幫他戒尿布。俊宇不論翻身、走路、講話，所有事情都發展得比其他孩子遲緩，在戒尿布這件事上，也經歷過一場艱難又漫長的奮鬥。

此外，由於附近大部分的幼兒園都基於尊重孩子的發展，凡是四歲半以上的兒童，都會讓他們獨自去上廁所，即使這些年幼的孩子在廁所裡尿濕了衣服，也必須自己解決，因此孩子如果不小心弄髒了內衣，也不會加以更換，而是繼續玩一整天。所以當孩子回家時，媽媽們就要忙著檢查他們的內衣。

我為了早點讓俊宇完全不穿尿布，上幼兒園之前曾加緊訓練他。一旦俊宇不小心尿濕了，就嚴加管教。經常因為過於嚴格，把俊宇弄得哇哇大哭，然後又得花上好一陣功夫安撫他。

可是，第一天當我滿心期盼地送俊宇去上幼兒園時，發現這段煞費苦心的「戒尿布大作戰」似乎是白費功夫了。我看到老師很自然就在那裡幫那些穿著尿布、看起來圓滾滾的孩子換尿布。我不禁問幼兒園的園長，在猶太幼兒園，五歲以上的孩子，老師也會幫忙換尿布嗎？她回答說：

「這有什麼問題嗎？比較晚戒尿布並不成問題，因為每個孩子的發育速度都不同，有些孩子比較快，有些孩子比較慢。但是沒有孩子到了上小學的時候，還需要穿尿布的。」

猶太媽媽認為每個孩子都有他們適當的「發育時間」。若是孩子的發育較為遲緩，猶太父母總是發揮同理心來等候。有些小孩很快就不必穿尿布，有些孩子要經歷許多時間才能戒尿布。每個人天生都有一個「獨特的時鐘」，依照自己的節奏來運行。每個孩子準備好的時間都不同，對事物產生興趣的時機也不同。

對於小提琴不感興趣的孩子，若是硬是叫他去學小提琴，並且買一把昂貴的小提琴給他，很容易變成浪費時間和金錢。猶太父母總是不慌不忙等待著正確的時機，用心傾聽孩子內在那個獨特時鐘所發出的聲響。

只要是跟俊宇有關的事，不論何時我都會自告奮勇去幫忙，甚至讓他連開口求助的機會都沒有，因為我會先注意到他需要什麼，然後先幫他解決所有問題。結果，由於我還沒等孩子開口就幫他打理好一切，導致俊宇到了小學二年級的時候，還不會自己綁好運動鞋的鞋帶。

我的朋友丹妮耶拉在美國一個猶太人學校擔任副校長，她曾建議我說：「只要不具危險性，或是會對別人造成傷害的事，就放手讓孩子自己做吧！」

其實孩子自己做得來的事情，父母不應該剝奪讓他自己做的機會。如果媽媽像個問題解決專家，無時無刻幫孩子打理一切，那麼孩子將會過度依賴父母，或者孩子可能會為了順從母親的意思拼命忍耐，但是最後卻爆發不滿。因此，應該在孩子覺得需要幫助的時候，再出手援助。此時才是父母應該出面的適當時機。

走在孩子後面一步

我的猶太朋友亞龍和斯格列特夫婦，他們的女兒伊登五歲時發生過一件事。因為亞龍到美國攻讀經濟學博士學位，所以他們全家從以色列搬到美國，住在普林斯頓大學的宿舍裡。由於伊登十分喜歡拼圖，斯格列特嘗試讓她玩過各式各樣的拼圖。有一天，這個做爸爸的帶了一盒一百片的拼圖去伊登的幼兒園，叫伊登試著拼看看。幼兒園老師擔心伊登可能拼不出來，想要幫她，不過斯格列特馬上阻止老師，並且拜託老師耐心等候，讓伊登自己找到拼出來的方法。結果，過了好一陣子，伊登自己完成了這幅一百片的拼圖。從此，在幼兒園裡，伊登又被稱為「拼出一百片拼圖的五歲神童」。

猶太父母都會走在孩子後面一步，懂得相信並等候孩子成長。許多成年人，包括我和伊登的幼兒園老師，都會認為孩子「沒辦法做」，限制了孩子的能力，然而，孩子從自我體驗學習到方法的潛力，遠遠超出成年人的預期。而我的猶太朋友則是發現了在我眼中看不到的孩子潛力。

這是發生在二〇〇〇年時，美國副總統高爾（Al Gore）訪問新澤西州的小鎮利文斯頓市的事。當時紐澤西州最有影響力的人士之一是查爾斯．庫許納（Charles Kushner），他代表猶太社區負責統整接待副總統的相關儀式。值得注意的是，主導這項活動的人不是查爾斯本人，是他的長子傑瑞德．庫許納。

「一個十九歲的男孩能將如此重要的事情處理得有條不紊，他那種冷靜的神情，實在令人印象深刻。」曾經出席那項活動的美國民主黨官員派翠西亞・席柏（Patricia Sebold）在接受媒體採訪時如是說。十九歲的年輕人能夠主辦一場招待美國副總統的活動，並且成功地在眾多政治人物面前演講，本身就是一件值得讚歎的事。更令人驚訝的是，他的父親果斷決定，自己絕對能夠信任並委託自己年紀尚輕的兒子來主辦如此重要活動。

查爾斯・庫許納這位猶太父親堅信自己兒子的潛能，總是站在孩子的身後守候著！在傑瑞德成為一個男孩、青年人和成年人的過程中，從父親那裡得到的愛與信任，正是他最堅固的支柱，讓他產生更強大的力量。

受到母親掌控的孩子，無法自由自在振翅飛向天空。當孩子想要嘗試新的挑戰，在面對困難提起勇氣之際，父母並不需要做什麼了不起的事情。因為孩子得以一步步邁開腳步的大大小小力量，都是來自父母和老師的讚美、鼓勵，以及信任。

我的猶太媽媽朋友們，她們的特點之一，就是當孩子做得好時，會不吝給予讚美。更重要的一點是，當她們稱讚孩子的時候，不會只是抽象地讚美說「做得好」！而是會列舉出具體的事實。此外，她們也相信，當孩子面臨失敗時，給予激發勇氣的鼓勵更加重要。

讚美和激勵會成為孩子邁開步伐的動力。孩子就像是沒有栽種說明書的種子，一開始不知道要將種子播種在哪種土壤、每天應該澆多少次水。但是，隨著時間的推移，我們可以找到適合種子生長的最佳環境。明智地發現這點，不正是父母要扮演的角色嗎？雖然父母可能各有自己所喜愛的花朵或果實，不過，在適當的時候，種子會依據自己的天性開花結果。

#31 等待火苗燃起：媽媽的承諾

在猶太學校擔任副校長的丹妮耶拉，想介紹我們給他們來紐約拜訪的親戚認識，於是邀請我們全家去她家吃晚餐。丹妮耶拉對我而言亦師亦友，每當我有關於教養孩子的問題時，都會去找她。

我們在一個包括祖父母、阿姨、姑姑、叔叔和堂兄弟齊聚一堂的大家庭聚會中開始用餐。科爾的叔叔在紐約擔任人權律師，特別愛問孩子許多問題，很喜歡和孩子交談。他也問了俊宇各種有關學校生活的問題。我心想：「俊宇學英語才不過八到九個月的時間，他該有多麼驚慌呀！」我感到十分緊張，本能地就代替俊宇回應科爾叔叔的提問。然後補充說道：

「俊宇面對陌生人原本就比較害羞，不喜歡與人交談。」

但是，科爾的叔叔沒有放棄，繼續問說：「俊宇你有什麼看法？你在學校有什麼特別的煩惱嗎？」他不斷反覆詢問，並且等候俊宇回答。經過了幾秒鐘的沉默，就在我覺得等待時間似乎有點長，又試圖想代為回答的那一瞬間，俊宇開始說出他在學校裡覺得煩惱的事情。而且俊宇的英語能力已經進步到讓我的擔憂都是多餘的程度。

那一刻，讓我不知所措和尷尬的不是別的，而是我自己無法忍受不安的模樣，以及我輕率說出這句話：「俊宇很害羞，所以不喜歡與人交談！」還有我為了逃避焦慮感，自私自利又隨心所欲的行為。我因為不相信俊宇，所以連讓他自己發言的機會都加以剝奪。

幾天之後，丹妮耶拉和我一起喝咖啡聊天。我向她吐露自己的焦慮，因為很擔心孩子在成年人面前犯錯的話，不知該如何是好。丹妮耶拉認為，我這種行為是試圖先出面幫孩子解決問題，可說是「把孩子正要點燃的能力火苗給熄滅」。這種母親過度干預的做法，將會削弱孩子獨立思考和行動的能力，使他們成為太過依賴的孩子。一個不能自我表達的孩子，別說是自力更生了，連學習負責任都有困難。丹妮拉更補充說道：

「猶太父母教導孩子『失敗就像現在為未來先買的保險一樣』，因為孩子年紀尚小，所以可能會犯錯，比起長大成人後鑄下大錯，年幼時犯點小錯不是還好嗎？」

猶太父母並不會擔心年幼的孩子犯錯。因為如果小時候因為害怕犯錯而不去嘗試、不求表現、不去體驗的話，什麼也學不到。猶太人教育的核心就是「讓孩子獨立思考，並且親口表達出來」。猶太父母最擔心的反倒是孩子放棄獨立思考和自我表達。

在充滿聖誕歌曲的十二月，許多人都享受著聖誕節的氛圍，我的猶太朋友則是在歡度猶太教的光明節。這個節日最具代表性的儀式，就是每天晚上在金燈台（光明節用的九座燭台）點燃一根蠟燭。這個儀式將持續八天，第一天點燃一根蠟燭，第二天點燃兩根，最後第八天點燃八根。但是，金燈台總共有九個燭台座，其中八個代表「天」（Days），最後一盞中間的燭台則稱做「僕人之光」（Shamash），意思是「奉獻」。

每天晚上，猶太人首先會點燃「僕人之光」，然後根據是第幾天晚上，依序點燃其他蠟燭。位在發光的蠟燭旁邊、尚未被點燃的蠟燭，靜靜等待輪到自己的時機。我們看到發光的蠟燭時，總是開心歡呼，對於旁邊未點燃的蠟燭則無動於衷。但是，當黯淡無光的蠟燭從「僕人之光」引火過來的那一刻，就會成為發出明亮光芒而具有價值的蠟燭。

看著猶太人遵守著光明節的點燈儀式，我不禁認為，「僕人之光」就像我的猶太朋友所強調的明智家長一樣。明智的父母在養育孩子的時候，會試著找出孩子內在所隱藏的蠟燭。想要找出這既不會移動、也沒有發出光芒的隱形蠟燭，遠比想像中更困難。萬一沒有找到的話，那麼孩子潛藏在內的蠟燭，可能一輩子都不會散發光芒。

明智的父母認為，孩子內在所潛藏的蠟燭，即便現在是熄滅的狀態，但是當父母親的火苗碰觸到它的時候，就會點燃它，發出明亮的光芒，因此深具價值。所以，父母親的「僕人之光」必須等待適當的時機，來點燃孩子內在所潛藏的蠟燭，然後指導孩子如何自己散發出光芒，接下來，就是孩子自己的人生功課了。

沒有人能預先知道孩子具有何種潛質，將會如何閃閃發光。如同「僕人之光」並無法干涉其他燭光將維持多久，明智的父母也只能等待「時機」，幫助孩子在人生旅途上盡情發揮潛能，並且受到肯定。

PART

5

媽媽的個人時間
不被犧牲

社會心理學的先驅埃里希．佛洛姆（Erich Fromm）是一位出生於德國的猶太人。他為我們留下了廣為人知的《愛的藝術》、《健全的社會》、《占有還是存在》和《逃避自由》等諸多力作。其中，在暢銷全球的《愛的藝術》一書中，他說明了若要好好去愛，是需要技巧。若只是以愛為名，付出一切，只會教養出沒有規矩的孩子。那麼，若想讓孩子懂得愛的藝術，我們應該怎麼教導呢？明智的父母不會期待擁有一個完美的孩子，因為完美只是一種幻想。

但是，當孩子走出原則和紀律的圍籬，做出不當的行為時，我們應該堅定加以責罰。猶太父母一旦判斷自己所愛的孩子行為逾矩時，會毫不猶豫加以訓斥。而且，根據孩子的個性和氣質，以及犯錯的嚴重程度，找到適當的懲戒方法。這種理性的訓斥能夠啟發孩子，並讓孩子產生改變。

#32 家庭是子女教育的 Alpha 和 Omega

俊宇小學一年級的時候，每次放學回家後，就會一邊吃零食，一邊打開話匣子說起在學校發生的事。有一天，他說午餐時自己和其他小朋友坐在桌子旁吃飯，但是他的朋友盧卡斯捉弄另一位小朋友詹姆斯，把他的午餐袋扔了出去。親眼目擊這個情況的俊宇，對盧卡斯的行為很生氣，告訴他說：

「盧卡斯，這是很不好的行為。你應該趕快向詹姆斯道歉！我會數一，二，三，你在數到三之前要向他道歉！一，二，三！」

聽完俊宇所說的話，我覺得十分尷尬，因為這是我在養育孩子過程中，忍不住發脾氣時，用來恐嚇孩子的方法。我當下了解到，父母這種用數數字來對孩子施壓，以及催促孩子的行為，會讓孩子感到不安，也對自己平時的這種習慣感到不好意思。同時，我聽到俊宇在不知不覺間會學我說話的習慣、對其他小朋友施壓時，感受更是深刻。兒童會依循父母的語言和行為，加以模仿。最後，據說不僅是言語和行為，甚至連價值觀本身都會與父母雷同。

「α」(Alpha)是希臘字母的第一個字母,「Ω」(Omega)則是最後一個字母。「家庭是兒童教育的Alpha和Omega」這句話,意味著在家中從父母那裡看到、學習到的生活方式,將是兒童教育的開始,也是結束。換句話說,**在兒童教育方面,父母自始至終都擔任著最重要的角色。**

當我們長大成人、為人父母之後,有些事情必須銘記在心。父母並不是完美的人,也可能犯下許多錯誤。人類在社會生活之中,經常處於各種關係網絡,必須容忍和隱藏自己的情緒變化、性格和感情等。但是,當我們成為父母之後,首次遇到可以隨心所欲對待的對象,就是自己的子女。因此,對子女而言,父母可能是家中擁有絕對權力的人,有時候,子女也會成為父母釋放外在壓力的出氣筒。

猶太父母認為,孩子會透過父母的言行舉止,形成自己的思維。父母是孩子成為正直的人、並且得以成功的關鍵。他們也相信,**一個孩子出生之後,父母的教育將決定孩子人生超過百分之五十以上。**因此,我的猶太朋友不僅教導孩子學習新知,連第二外語、人格教育、社交能力、價值觀、朋友關係等,全都包含在家庭教育之中。**特別是據說到**

五歲左右，小孩大腦的發育將達到百分之七十五左右。因此，在五歲之前，父母對孩子將有相當深遠的影響。

猶太人認為，家庭和諧至關重要，具有超過「家和萬事興」的意義。大多數猶太父母雖然都很忙碌，但是會盡量花時間與家人相聚。父母可能都是上班族，經常要出差和加班，甚至連見孩子一面都很困難的情形也所在多有。或者有時候因為出差，好幾天無法回家，有時候因為有手術，過了午夜之後才能回家。即便如此，為了跟孩子進行情感交流，就算是太晚下班錯過了和孩子碰面的時間，也會利用吃早餐或是週末的時候，跟孩子溝通和聊天。

猶太父母的觀念是，並不一定要花很多時間，最好能利用短暫的時間達成高品質的溝通。最重要的莫過於利用每週五的安息日，跟孩子溝通和交流。無論父母多麼忙碌，如果他們是猶太人的話，就會跟家人共度安息日，這是他們的文化，也是生活的一部分。雖然有些猶太父母沒有將安息日當作例行活動，也儘可能會在週五晚上與家人相聚，共度晚餐時光。

#33

任何人都帶不走的智慧

有一天，俊宇的猶太朋友強納森問了我一個問題。

「阿姨，假設把幾隻鳥放在箱子裡，想像鳥兒在裡面飛舞。如果我們測量這個裡面有鳥兒飛舞的箱子重量，結果會如何？鳥兒原始體重和箱子加總的重量，跟裝著鳥兒們飛舞的箱子重量，哪一個比較重？」

雖然這是我有生以來，從來沒有想過、也不曾思考過的問題，但是我還是自信滿滿回答道：

「當然是這些鳥兒的原始體重和箱子加總的總重量比較重。因為若是箱子裡的鳥兒們是振翅在空中飛翔的話，就不會增加重量在箱子上。」

強納森說在學校裡，老師和同學的答案都跟我一樣。儘管如此，強納森仍然懷疑這兩者的重量應該是相同的。我建議仍心存疑惑而苦惱不已的強納森，既然老師已給出解答，就算了，別再傷腦筋，去玩其他新的遊戲吧。

一個星期後，強納森在學校證明了他的想法才是對的。鳥兒們的原始重量總和，與鳥兒在箱子裡振翅飛翔並在空氣中形成的重量，這兩種重量是相同的，強納森的想法終於得到了證實。

強納森的爸爸亞龍曾對他說，世界上不應該相信的事情有三種：老師確認的正確答案、可以從網路上輕易搜尋到的資訊、以及自己過於輕易獲得的解答。他建議強納森應該不斷抱持著「這有可能不是真的」的好奇心。

我們韓國人又如何呢？我們喜歡明確的答案，而且認為只要記住那個答案就夠了。我們也只看表面顯而易見的答案，並且害怕對蘊藏於內的其他領域產生好奇。或許是害怕現在自己知道的答案變得什麼都不是，或者因為自己不知道的世界是如此寬廣，害怕承認自己無知，因為我們無法得知，未顯露於外的部分，裡面究竟藏著何種祕密。

在數學考試中得到零分和一百分的學生之間有什麼差異？猶太父母相信，不同之處就在於「瞭解與承認無知的差異」。瞭解無知但不承認的學生，不會有疑問，也不會提出問題。因此，得到零分的學生為了要解題，可能只會專注於眼前看到的資訊，無法掌握解答背後蘊含的原理。這種學生只要問題稍做改變，就無法解出問題。另一方面，學生若不只是關注眼前所見的事物，承認「自己所看到的可能不是自己知道的全部」，瞭解自己的無知並持續不斷提出問題，最後才能掌握蘊含於內的原理。瞭解無知並且承認無知，在孩子成長的過程中非常重要，以好奇心和疑問來瞭解原理，才能乘著智慧的翅膀自由翱翔。

一九四四年的諾貝爾物理學獎得主伊西多・艾薩克・拉比（Isidor Isaac Rabi），有一段廣為人知的訪問。「放學回家時，其他媽媽會問今天在學校學了些什麼，我媽媽卻問我，今天在學校問了什麼問題。」他在接受採訪時將自己所有的成就，都歸功於母親。

猶太人培育會提問的孩子。他們告訴孩子不要自滿於自己什麼都知道，即使老師已經告知了答案，也必須自己再次思考並提出問題。猶太家庭教育是這樣來刺激孩子的好奇心及自我提問，自然能增長孩子的智慧。

「無論世界上發生什麼事，無法帶走的，只有人類頭腦裡的智慧。」這是我開始關心猶太教育以來，最常聽到的猶太諺語。

我的猶太朋友斯格列特跟我一起散步時，曾經聊到她的父母。她父母當時經歷過猶太人大屠殺，所擁有的一切都被剝奪，什麼東西都沒有留下，因此更深切領悟到，人直到生命結束為止，能夠隨時擁有並與之共存、且值得信任的東西，唯有智慧。

身為一個飽受迫害的流浪民族，猶太人有著所有東西都可能被任何人奪走的不安感。因為金子、銀子和寶石等昂貴的財物，隨時可能破碎而灰飛煙滅，成為無用之物。但是**任何人都無法用力量奪走、且無法改變的，只有「智慧」而已**。這是猶太人所獲得的教誨，因此，斯格列特的父母總是強調說，智慧是最好的資產。

據說在猶太家庭成長的馬克思，為了累積智慧，持續不斷研究，他讀完了大英博物館裡的所有書籍，一生都持續不斷在學習。這位被喻為最偉大的思想家，他的智慧永遠留在我們的記憶中。

猶太父母會讓孩子經常思考，不會給他們停止思考的時間。我以為父母持續提問，或是要求孩子學習，孩子可能會感到厭倦，但是事實證明並非如此。孩子會像在玩遊戲般興致勃勃，深深陷入思考當中。猶太父母創造了一個讓孩子可以不斷思考的環境。

知性對話必備之廣博又淺顯的知識

我們周圍有一種博學多聞的「雜學人」。他們的特色就是喜歡談天說地，而且這樣的人很受歡迎，也很成功。那麼，為什麼美國社會對這種各類不同的瑣碎話題如此熱衷呢？

在美國社會重要的聚會或會議場所，有越來越多以這種多樣化的瑣碎話題為主。不論是歐洲歷史、中國歷史、日蝕與月蝕、藝術作品、著名音樂表演等各個領域，各種的話題此起彼落。而且，能夠在那些場合掌握話語權或參與談話的人，往往在現實社會中已經開始獲得許多好評。美國人視此等人為具有魅力及教養之人。我們所認知的雜學，對他們而言，等同於豐富的文化素養。

現在，我們也需要轉換我們對知識多元化的認知。我們大部分人都是自幼從閱讀中達到一定的教育程度，同時聽從、並向教育水準高的父母學習。重要的是，我們從父母身上所受到的豐富教育，在我們邁入社會生活時，會成為巨大的競爭優勢。人類是經由學習，累積資訊與知識，而有智慧的人不但具有學習知識的能力，還懂得如何善用。

儘管猶太人擁有許多知識，他們仍然領會到自己無知的部分，並會真誠提問，同時懂得如何適時運用自己擁有的知識。他們在各個領域獲得的成就與績效，證明了猶太人智慧的力量。

多國語言這份禮物

有一次，我和蕾莫一家人到墨西哥餐廳共進晚餐。點餐時，蕾莫與老闆娘聊了好一陣子。當她十七個月大的兒子以希伯來語說出「謝謝」時，老闆娘嚇了一大跳，並問蕾莫說：

「這麼小的孩子居然已經會說第二外國語，真是令人訝異呀！」

「當然，因為希伯來語是我的母語！」

「我在美國成長的過程中，如果說西班牙語，人們就會無視於我的存在，所以父母不讓我講。但是近來講西班牙語的人愈來愈多，反而成了一種競爭優勢。」

蕾莫一而再再而三對老闆娘強調，在家維持講母語是多麼重要。

「多國語言的能力，是父母送給孩子的最佳禮物。」蕾莫如是說。

當猶太人與居住在世界各國的親戚見面時，就產生了熟悉新語言的契機。從小接觸各種語言的猶太人，比起只使用單一語言的人，擁有更傑出的語感能力。在美國的各種不同民族當中，猶太人的英語程度十分卓越。他們之所以學習到更多的單字、有更好的表現，都是父母不斷自幼加以磨練及教育的結果。在這種得以體驗各種文化與語言的生活環境中，讓猶太人具備相當不錯的語感能力。

若想經商或是接近美國社會的核心，語言實力比什麼都重要。我最喜歡的哲學家維根斯坦曾說：「語言的界限就是世界的界限。」他放棄繼承龐大的財產，走上哲學之路，並且透過哲學克服了被自卑感所束縛的童年時期。他所營造出來的哲學世界既深且廣，是我們難以理解、也難以用語言來形容。維根斯坦所說的這句話，並不是指單純的外語。但是，為了理解這些哲學性語言與思考的邏輯，若是能懂得更多的外國語言，以及會說多國語言，將有助於拓展自己的眼界。

在社會上生存，外語能力非常重要。再怎麼聰明的人，如果不會用他國的語言溝通，容易變得畏縮且拘束。換句話說，猶太人之所以能在各個領域都頭角崢嶸，多國語言能力功不可沒。擁有多國語言能力，可說是在世界飄泊的猶太人，他們的文化所留下的最佳禮物。

#34 猶太父母的首要順位

教育第一

猶太人是世界上最早引進義務教育制度、讓經濟條件負擔不起的人也能接受教育的民族。猶太人視教育為首要價值，這項傳統一直延續至今。以色列建國後，建立了免費教育制度，只要是三到十八歲的以色列人，都能接受義務教育。至於居住國外的猶太人，在世界各地的猶太教會就扮演著教育機構的角色。

俄羅斯解體後，獲得遷徙自由的猶太人大舉移入美國。他們大部分定居在紐約和舊金山灣地區。若說是定居於舊金山灣附近的俄裔猶太人創建了現在的矽谷也不為過。目前成為Google和臉書等ＩＴ產業天堂的矽谷，大多數是由猶太人第二或第三代所主導，而且他們大部分都是俄裔猶太人。

他們的父母大部分是醫生或工程博士。父母對高等教育的熱情可說造就出無數的科學家。我的猶太朋友雷尼也是一位在矽谷長大的俄裔猶太人。雷尼完成數學系的博士課程後，就被麥肯納學院聘為數學系的教授。他的妻子伊菲吉妮亞也是俄裔猶太人，她們家從祖父開始就是數學家。

猶太父母將兒童教育放在首要順位。特別是集中在童年時期的創意教育，隨著年級愈高，呈現出來的成就與差異愈大。猶太人教育的最大特色是尊重個人的個性與能力，根據孩子的能力與關心的領域來因材施教。猶太父母尊重孩子的個性，讓孩子能夠有更多的可能性，並培養出許多領導者。

猶太人有句格言是「沒有賢人，但有聰明學習的人」。對於猶太人，學習是終生的志業。猶太父母在孩子一進入小學，就會把他們送進主日學校。主日學校會以希伯來語和《妥拉》為基礎，教導孩子學習各種知識與智慧。當他們也成為父母，甚至成為祖父母時，仍然不間斷持續閱讀與學習。

許多人認為猶太人是在家庭中完成所有教育，沒有接受私人輔導。但是其實猶太人也接受私人輔導。尤其是近來，以色列的私人輔導不亞於韓國。從幼兒期集中在創意性的音樂、藝術開始，到逐漸長大後接踵而來的科目或有興趣的事物等，他們會另外接受課外輔導或參與放學後的補習。美國大多數學校各年級學業排名在前段的學生，幾乎都是猶太兒童。猶太媽媽對孩子學校生活的關心絕不亞於韓國父母。

在美國，雖然以「虎媽」一詞來形容採取嚴厲教育方法的東方媽媽，但還有另一個足以媲美的代名詞，就是「猶太媽媽」。事實上，相較於以苛刻、嚴厲督促孩子學習聞名的東方「虎媽」，「猶太媽媽」的氣勢可能更勝一籌。

但是，這兩個群體的特色截然不同。猶太父母不會強迫孩子盲目學習。他們為了讓孩子能更有興趣體驗及學習更多事物，會在日常生活中營造多元化的環境，不斷努力填滿可讓孩子學習的各種東西。此外，猶太人雖然喜歡積極投入私人輔導與學校教育，但也不會疏忽家庭教育。因為他們相信，人品端正才能好好學習，最後才會成長為一個堂堂正正的成年人。

擔任家中堅強支柱的爸爸

俊宇的爸爸是留學生，有時候心情相當愉悅，有時候又會意志消沉，情緒跌至谷底。似乎是因為他以大齡攻讀博士，必須比別人付出兩至三倍的努力，但是未來茫茫不見前方的不確定感，偶爾讓他的心情感到憂鬱。

一家之主的情緒波動，會替家庭帶來不良影響。有一天，我與猶太朋友伊菲吉妮亞一起晨運，她看到我有別於平日，顯得鬱鬱寡歡，擔心地問是否發生了什麼事。我跟她說了前一晚俊宇爸爸飽受壓力折磨的事。

伊菲吉妮亞聽完，便說起她與先生在攻讀數學博士時相識的事。在數學世家長大的伊菲吉妮亞，未能完成數學博士學位，就開始進入職場生活。她先生雷尼則是在就讀博士課程期間，乃至成為教授之前，背負著許多壓力。即使是現在，雷尼只要開始進行一項新的研究，就會承受很大的壓力。身為妻子的她，告訴了我她的經驗談。她說，每當先生情緒波動時，她自己也會像蜷縮在洞穴裡的動物般畏縮怯懦。但是有一天，雷尼對她說：

「我所經歷的這種巨大波濤般的痛苦，是我必須承擔的事。妳絕對不會被捲入這個波濤當中，所以不要擔心，只要以妻子的身份，在一旁成為我的堅強支柱就好！」

伊菲吉妮亞接著又補充說：

「妳不必捲入妳先生必須經歷的波濤。若連一旁的妻子都感到焦慮，對於承受壓力的先生這方，是完全沒有幫助。妻子只要在先生感到憂鬱或痛苦時，在旁邊成為他的堅強支柱即可！」

希伯來語的父親叫做「Abba」。在聖經裡，這個單字有四種意義：供給者、保護者、引導者、教育者。猶太爸爸認為，這其中以教育者的角色最為重要。孩子的教育不能轉嫁給學校老師、補習班老師及媽媽。因為猶太爸爸相信，孩子從爸爸那裡學習到的教誨最為重要。

猶太父親擁有絕對的權威。「爸爸回來了，快打招呼」！孩子透過媽媽學習到的是，爸爸既強壯又偉大。爸爸如同朋友般溫和但又具有權威，是猶太家庭的堅強支柱。因此，猶太人確實賦予爸爸崇高的地位。孩子會配合爸爸下班回家的時間，先完成自己該做的作業、洗澡等，以便迎接爸爸，對著因工作疲累返家的爸爸，一再反覆表達愛意及尊敬之心。我常在想，猶太爸爸早早回家真的是能感受到家庭的滋味。猶太人尊重父親權威的程度，是父親擁有專屬座椅。而且那張椅子只有父親才能坐。用餐時，孩子也不能坐在爸爸常坐的主要座位上。

通常爸爸會與孩子聊天、讀書，為一天劃上休止符。孩子以爸爸為榜樣，實際上對孩子的成長會有很大的影響。一到週末，猶太爸爸經常會陪孩子一起觀賞運動競技節目，或是跟孩子一起從事他們喜歡的運動。

韓國是一個父權社會。但是，現在社會型態已大為改變。此外，爸爸與子女一起聊天或共度的時間亦與日俱減。根據調查結果顯示，韓國爸爸平均一天與子女共度的時間只有十五至三十分鐘。

猶太爸爸宛如堅強的支柱，他們的存在，為孩子深植自信，並且穩定情緒，而孩子也透過爸爸的高度權威，尋找到一個穩定的未來。

決定家庭和睦的媽媽

在猶太人家庭中，媽媽的角色非常重要。如果你的媽媽是猶太人，子女就是猶太人。

但如果爸爸是猶太人，但媽媽不是猶太人，子女就不是猶太人。這是因為媽媽在養育子女與決定未來方向上，扮演著重大的角色。

事實上，猶太媽媽在世界上各個領域培養了許多偉人。精神分析學的創始人佛洛伊德曾說：「我能夠成為一個偉大的人，是因為我的母親相信我。」此外，丈夫必須愛護與尊重他的妻子，亦即一個家庭中的母親。這項猶太人的重要價值，乃是傳承自悠久的歷史。

我偶爾觀察身旁的猶太朋友，會看到過度關心太太的先生，此等文化是從結婚後開始。猶太人結婚時都舉行婚禮，並根據猶太法律締結婚姻契約。在被稱為婚約的婚姻契約書中，內容大部分是為了太太而寫，包括先生必須守護並珍愛太太、財產大部分都歸屬於太太。

俊宇進入猶太幼兒園大約一年左右，同班同學傑克的父母邀請我們家參加他們家的安息日晚餐。當時，包括傑克的祖母和祖父在內的全家人，站在擺滿辮子麵包、葡萄酒和猶太潔食的餐桌前，由一家之主的傑克爸爸主導進行安息日的儀式。第一個順序就是由傑克爸爸為妻子唱了一首美麗的歌曲，歌詞是「妳一張開口，就會說出有智慧的話，妳擁有溫柔的力量」，是首讚美妻子的美麗詩歌。為了準備安息日晚餐的妻子，為了家庭和諧而努力工作一週的妻子，大家一起以感恩的心，真心歌唱，並獻上祝福的祈禱。猶太人從小就被教導，珍惜與尊重女性非常重要。

上帝不用男人的頭去創造最初的女人，是因為女人不能支配男人。同樣地，也沒有用男人的腳去創造女人，是因為女人並非男人的奴隸。上帝僅以一根肋骨創造了女人，是為了讓女人隨時接近男人的心。

——《塔木德》

我這才領悟到，猶太父母每個星期五都會直接以身作則，教導孩子要敬愛與尊重「妻子」與「母親」。如此自然學習到對妻子、母親的尊重態度，這在賦予孩子正確的女性觀念上，有相當重要的影響力。此外，正確的女性觀念也成為孩子未來擁有正確的婚姻生活與幸福家庭的根基。

看著安息日的開始，我想像著傑克的祖父母在很久很久以前，也和傑克的爸爸一起進行過類似今天這種安息日的活動。傑克爸爸從小看著父母的言行舉止並身體力行學習，現在成了一家之主，也在自己的孩子面前，實踐著自己父親所做過的事。這一瞬間，也將會是傑克長大成人、成為一個家庭的家長時，會銘記於心的「家庭的意義」。

家庭教育的核心是和諧的夫妻關係。在經常吵架的父母底下，小孩很難開朗地微笑成長。當父母彼此珍惜及尊重時，家庭的中心才能牢牢掌握。對於猶太人來說，家庭的穩定與和諧比其他任何事情都更重要。

#35

奉獻與犧牲之間

有個有趣的故事，可以說明猶太父母對子女的教養方式。

父母站在樓梯下方，叫孩子相信父母會接著他，然後叫他向下跳。在克服從第一個階梯向下跳的恐懼後，孩子接著在第二個階梯、第三個階梯，出於相信父母，奮力向下跳。但在孩子爬上第四個階梯並奮力向下跳時，父母並沒有接住他。父母對孩子說：「除了你自己，不要相信任何人。即使是你的父母。」

這個故事蘊含的教誨是：「不要依賴別人，要靠自己生活。只有你能做自己人生的主人。父母只是從旁以愛相助的老師而已！」猶太父母為了給孩子生活的啟示，總是不惜奉獻自己。

然而，奉獻自己與犧牲自己的人生不同。奉獻與犧牲是有差別的。如果檢視這兩個單字在字典上的定義，奉獻是「獻出身心，竭盡所能」，也就是說，父母為了子女盡其所能。犧牲則是「為另一個人獻出或放棄自己的生命、財富、名譽、利益等」，也就是說，父母將自己的所有一切都獻給子女。

韓國的父母很多是超越了奉獻，為孩子犧牲了自己的整體人生。即使經濟不夠充裕，為了子女，可以忍受任何的犧牲。例如，無法支付孩子的學費或無法幫忙付房租時，父母會感到十分內疚；就算借錢也要送孩子去補習班或費用昂貴的家教。父母的肩上背負著無法言喻的負擔。擔心錢、擔心子女、擔心父母、擔心國家等，生活在各種煩惱當中，旁人無法得知的痛苦與背負在肩上的沈重負擔，都無法分擔給任何人。即使與子女討論，也無法獲得任何幫助，只能獨自忍受，默默走在痛苦之路。但是韓國父母的犧牲並未就此結束，接著還有代替都在職場工作的子女，扮演起祖父母「隔代育兒」的角色，可說沒有一天是輕鬆的。這樣的父母之愛，與其說是奉獻，其實更接近於獻出自己人生的犧牲。

奉獻與犧牲的差距

韓國也曾有過苦痛的歷史。之後，曾經暗淡無光的韓國經濟在短期間內出現令人耀眼發展。祖父母輩忍受分裂與戰爭，為了後代子孫流血流汗，經歷分吃一顆豆子的時期；我們父母那個世代努力打拚，成為經濟成長的一等功臣；我們這一代與下一代則享受該經濟成長之德澤。父母和祖父母輩當時的努力，更接近於為後代的犧牲，而非奉獻。這樣的犧牲帶給我們的禮物是現今我們享受的經濟榮景，成為我們承諾未來的根基。然而，我們的世代間彼此的溝通卻失敗了。無法溝通的世代不能互相理解，也不會彼此關懷。

父母與祖父母為了孩子犧牲一生，不僅沒有得到新世代的感謝，甚至還聽到覺得厭煩的聲音。是什麼造成了世代間的疏離感？過年過節時，雖然全家聚集在同一個地方，不同世代間卻無法相互理解，也不受彼此肯定。父母為了子女犧牲了一輩子，不僅價值未獲肯定，甚至最後還被遺忘。

以下是韓國家庭之間常見的表達方式。若你仔細觀察，將會發現，那是單方面的溝通方式。

「你是怎麼教小孩的啊！」這句話意味著說話者認為，小孩是父母或大人的財產，可以隨心所欲教育他們。

「大人講話，小孩還插嘴！」這句話的前提是大人與小孩之間無法對話，存在著上下關係與階級意識，也證明了成人與小孩之間有溝通困難。

不瞭解世代間對話方法的大人們，不知道要配合孩子來進行交流。孩子也不知道該如何與大人說話，莫名其妙被認定是沒禮貌的晚輩。

猶太兒童與父母或祖父母對話時，感覺就像朋友一樣。當然，必須禁止小孩表現沒禮貌的行為，懂得尊重大人是基本的品格教育。

德隆一想起在猶太人大屠殺中倖存下來的祖父就會眼眶泛紅。身為孫子的德隆非常清楚祖父在苦難中領悟到的教誨，是多麼珍貴且具有價值。他把這些教誨牢記心中並傳達給兒子。猶太父母扮演著世代間溝通的重要橋樑角色，將父母和祖父母的奉獻銘刻五內後，再傳達給後代子孫。

代代相傳的奉獻

我有一位猶太人朋友卡蜜兒，她在當律師時，曾用領到的第一份薪水，買了昂貴的禮物送給父母。她想對父母表達感謝之意，因為他們在艱難的環境中經營餐館，還替她付法學院學費。但是卡蜜兒的母親叫她立刻把這個昂貴的禮物拿去退錢。

「把妳對我的感謝心意，回報給妳的孩子。我的父母也經常對我說同樣的話。」

猶太人認為，孝敬父母是重要的美德。十誡中有一條就是「當孝敬父母」。然而，韓國人和猶太人對「孝」的概念卻不相同。韓國人認為，孝是針對終其一生為子女犧牲的父母，對於為了孩子不惜犧牲一切的父母，那份感激心情，再怎麼表達都是不夠。雖然在進入職場後，可以用領到的薪資買禮物送給父母，但怎麼可能僅用一份禮物就完整傳達自己的感激心意呢？買再好的禮物都是不夠的。韓國父母則是對子女上好的大學並找到好的工作感到驕傲及滿意，因為覺得，這樣一輩子的犧牲總算有了代價，不斷對親朋好友誇耀子女，乃至時光流逝都渾然不知。

我的猶太朋友心中所想的孝順卻不同。他們會把來自父母的愛與對父母的感謝傳承給下一代。相較於「必須還給父母」，他們的概念更接近「將我從父母那裡得來的愛，傳承給我的子女，為了創造更美好的未來努力」。猶太父母在他們父母的教育之下，對子女並無所求。

猶太父母的共同認知是父母對子女奉獻。但是，當子女成家立業後，就必須充分了解，現在輪到子女身為父母了，要為他們的孩子奉獻。猶太人所說的孝，不是將父母的奉獻回報給父母，而是代代相傳給下一代的奉獻。

#36 媽媽的個人時間不被犧牲

俊宇的猶太幼兒園班上有十二個小朋友。除了我跟另一位媽媽以外，其他全是在職媽媽。許多猶太家庭都是雙薪家庭。俊宇的幼兒園同學大部分都是來自經濟寬裕的家庭。那些家庭的媽媽與我想像中不同，她們並非在家做家事，並僅專注於幼兒教育，大多數的媽媽都在職場工作。

美國前國務卿馬德琳・歐布萊特（Madeleine Albright）就是位猶太職場媽媽。這位曾埋首於家事與育兒的平凡女性，四十歲時才完成哥倫比亞大學博士學位，後來成為美國史上第一位女性國務卿。大多數生兒育女後的女性都會開始煩惱要不要繼續工作。但是，猶太媽媽在早上七點就會把兩到三個月大的新生嬰兒送到托兒所，然後去工作。一開始我覺得這樣太過冷酷無情，沒有人性，可是猶太媽媽又比任何人都關心教育並愛護孩子。那麼，忙碌的猶太在職媽媽是如何教育孩子呢？

大多數美國猶太媽媽會兼職打工或在家工作。當孩子還小時，媽媽會在家工作，陪伴孩子成長，到了高年級時，媽媽就會轉回全職工作。律師、行銷、會計等工作，或者一般公司裡的各種職務，都可以兼職或在家工作。

住在我們隔壁的茱莉是迪士尼樂園的員工，但是她在家工作。她說只要家裡有電腦和電話，什麼事都可以做。每個禮拜只要去辦公室一兩次，開會與檢討工作進度即可。這樣，透過有效率的工作管理，為許多女性創造了工作機會。

不只是猶太人，美國大多數的雙薪夫婦都會有效率分擔家事並提供家中財務收入。愈是高效率的社會與職場結構，越容易有讓更多媽媽可以工作的機會。

即使猶太媽媽辭掉工作、專心育兒，也不會為了她的孩子無條件犧牲自己的時間。俊宇偶爾會要求我在他用平板電腦玩遊戲時，坐在一旁陪他。我的猶太朋友史蒂芬妮有一次看到我用毫不感興趣的眼睛盯著遊戲時，忍不住說：

「妳是因為喜歡那個遊戲才在看嗎？」

「不，但俊宇喜歡我看著他玩。」

「妳是怎麼了？與其犧牲和浪費時間在妳不喜歡的事物上，不如找出妳喜歡、俊宇也喜歡的事物吧。即使是父母，無意義地犧牲時間在不喜歡的事物上，絕不是一個健康的心態。看到媽媽以沒有靈魂的眼睛呆坐著，對俊宇也不是件好事。」

有很多孩子會叫喊著：「媽媽，我好無聊！」這時媽媽就會問說：「那要不要玩樂高？要不要玩這個遊戲？」然後找些有趣的東西給孩子玩。看到孩子還是覺得無聊，媽媽甚至會因為沒法讓孩子有趣地玩樂而心裡歉疚。但是史蒂芬妮這麼說：

「孩子需要一點無聊的時間。我要說的是，偶爾感到無聊是好事。」

如果孩子感到無聊，不要立刻找東西給他玩，應該請他自己找出克服無聊的方法。孩子若是感到非常無聊，必須要自己找東西玩，自己找出有趣的事物。**透過思維的改變，可以培養孩子自己做到「獨立自主」，同時學會利用周邊東西來玩「創意性遊戲」。媽媽也可以做自己想做的事，不必時刻追在孩子後面**，可謂一舉兩得。

我曾經帶著十八個月大的俊宇，跟先生一起到飯店吃自助餐。但不到十分鐘就帶著哭鬧不休的俊宇離開，真是既浪費錢，又浪費時間。猶太朋友在孩子滿四歲以前，不會輕易帶孩子出去外食。因為幼兒很難享受外出用餐的樂趣。此外，在照料幼兒時，媽媽很難確定飯會從鼻子還是從嘴巴進去；而且幼兒的吵鬧不休或啼哭聲，也會對餐廳其他客人造成困擾。派對或聚會等大人參加的場所，最好還是把孩子託付給保姆或父母後再去。這麼一來，大人可以儘情享受美好時光。如果不方便託付給保姆或父母，最好不要參加派對或聚會。因為不但孩子很辛苦，對父母也會成為一個非常糟糕的經驗。

美國也跟韓國一樣，有同齡新生兒的父母會聚集在一起，共度時光及分享資訊。加州各城市提供的多元活動當中，有個為有同年齡幼兒的媽媽定期舉行的小型聚會，叫做「媽媽和我」，讓媽媽在那裡傾吐心中的苦衷並彼此幫助。我會推著嬰兒車出去，通常在公園裡閒聊一個小時左右。然後到了孩子的午睡時間與用餐時間，簡短結束聚會。

反覆的犧牲會讓媽媽不幸福，而媽媽不幸福會導致整個家庭也不幸福，因為媽媽是決定家庭氣氛的核心角色。相對地，高度滿足且感到幸福快樂的媽媽會營造一個穩定的家庭環境。讓家庭和社會、國家與個人都幸福，同時又能與效率並存的關鍵，就是媽媽的個人時間不被犧牲。

#37 毫不猶豫的管教

俊宇小學一年級時，有一次在午餐時間，班上有幾個男孩為了盪鞦韆在吵架。一位叫吉諾的孩子推了其他幾個孩子，並開始爭吵。學校把這當成一件大事來處理，聯繫了吉諾的父母，與校長面談過後，校方要求吉諾寫一封道歉信。

俊宇同班同學的媽媽麥蔻兒，在旁邊正好目睹一切（她和我曾經一起擔任助理教師），我忍不住對她說：「才五歲的小孩，一起玩當然會吵架啊。學校的反應會不會太大啦？」

但麥蔻兒冷靜回答道：

「吉諾現在雖然才五歲，但如果這時候沒有好好管教他，他到二十歲都可能會不斷與校長面談，甚至有可能入獄。教導他在吵架時控制憤怒的方法固然重要，但最好明確讓他學習到，打人或推人是超出常規的行為，是絕對不被允許的舉止，這不是比較好嗎？」

助。

後來，吉諾的惡作劇越來越嚴重，學校最後判定吉諾有自閉症，讓他尋求專家的協助。

美國社會明確規範原則與秩序，並嚴格教育兒童遵守。猶太人一向崇尚自由表達並重視個性，這對他們不可謂是件困難的事。實際上也經常看到剛開始接受美國義務教育的猶太兒童難以適應。但是，猶太父母教導他們，必須學習社會的秩序。孩子愈大，愈會遭遇更大的障礙，因此必須鼓勵孩子接受並學習這一切。剛開始遭遇困難的孩子會逐漸瞭解學校生活的規範，並自然遵循規則。

猶太父母會教導孩子要懂得等待，若孩子在公共場所哭哭啼啼耍賴，會告訴孩子如何在遊樂場所與其他孩子和諧玩耍的規則。孩子如果想要溜滑梯、盪鞦韆，但不知道如何等待，將成為大家的公敵。

教導孩子做人處事原則的過程也非常重要。因為沒有原則的寬容會讓孩子動搖且感到不安。像我在孩子挑食或在用餐時間不吃飯時，總是拿著飯碗追著孩子跑，但猶太媽媽會毅然決然讓不吃飯只顧著玩的孩子挨餓，完全依照原則與規範行事。

我周圍的猶太父母都認為，身為父母也要懂得等待，這跟教導孩子要學會等待一樣重要。父母以此目的為出發點，在管教孩子時，便不會心生動搖。猶太父母也會看著新生兒的眼睛說：「雖然你餓了，但還是要稍微等一下哦！」

猶太父母一旦下定決心要管教孩子，他們會毫不猶豫，並且視情況予以體罰。因為他們認為，如果孩子行為有所偏差，不加以糾正，放任不管，就是父母未善盡自己的責任，這跟不愛孩子沒什麼兩樣。

父母必須建立有原則與規範的界限。超出界限的行為，必須嚴格自制。我們總是會認為「年紀還小不懂事，大一點就好了」。但是猶太媽媽認為，管教不趁現在，就太遲了。如同幼苗扶植好，小樹才能長成大樹的道理一樣。

尋找聰明管教法的智慧

管教孩子最困難的課題是決定何時應該寬恕，以及何時必須加以管教。有時候很難判斷，究竟要容忍到什麼程度，以及何時要狠狠教訓一頓。選擇管教孩子的方法也常讓父母苦惱不已，因為每個孩子的性格都不一樣，必須根據做錯事的輕重程度，區分應該輕輕放過，還是大聲訓斥。

有一天，俊宇決定與朋友利亞德騎腳踏車去公園。雖然利亞德應該與俊宇輪流騎腳踏車去公園，但他一直在耍脾氣。於是他媽媽蕾莫嚴厲教訓著兒子，可是看利亞德完全不聽話，就對他發出最後通牒。

「你如果繼續耍賴，今天就不能一起去公園！」

利亞德始終不聽媽媽的最後警告，蕾莫毫不猶豫關上了大門。

我的猶太朋友說，孩子一旦做出傷害他人的事，或是從事危險活動，乃至做出違反常規的事情時，就是需要管教的時刻。許多父母在必須嚴格責備孩子時，用寬容的心表示理解，甚至還覺得手足無措，想說連這種小事也要大發雷霆，然後轉過身後又感到後悔。若在應該好好管教的時機，發揮了這種不像話的同理心，從那個時刻起，孩子就會養成了壞習慣。

猶太父母一旦決心要好好管教，就會以嚴厲且堅決的態度來管教。對於壞習慣、危害別人的事、危險的行動，絕不寬容。做錯了什麼事，錯了多少，都會如實加以說明。

如果孩子不是犯下太大的錯，最好用說明來管教；但是，如果孩子的行為有問題，而且需要改變，父母必須在當下就做出重大決定。

當父母管教孩子時，遣詞用字必須留意。有一句猶太諺語說：「應該由心來操縱舌頭，而不是由舌頭來操縱心。」猶太父母在斥責孩子時，不會混雜情緒破口大罵。實際上，在管教孩子時，很多憤怒的父母會使用混合著不耐煩的抽象用語，情緒化地進行管教，像是：「你這個沒有用的傢伙！居然做這種愚蠢的事？你怎麼這麼沒大腦？」孩子在與父母的情緒抗爭之下，會感到害怕、不知所措，或變得叛逆，並且忘了自己究竟做錯了什麼。這樣除了造成孩子的不安感與反抗心之外，一無所獲。

怒火中燒的父母會說出無心又苛刻的言辭，這對孩子造成的傷害遠比想像中更大。孩子可能真的會變成一個無用的人、變成傻瓜、成為一個想法短淺的人。父母所說的每一句話，會像匕首一樣插在孩子的心上，直接影響孩子的成長。

這是俊宇在上幼兒園時，某一次猶太節日活動所發生的事。那天，在吃零食之前，孩子排隊等著洗手。俊宇看著在他面前插隊的朋友埃利，氣得臉都漲紅了。就在我正苦惱不知如何訓斥插隊的埃利之際，傑克媽媽愛咪看到了，然後，她直接走向埃利。

「埃利，你沒有看到站在你背後的俊宇吧，俊宇比你早來，而且等很久了。你到後面去排隊等吧！」

換做是我，會怎麼說呢？可能會嚴厲質問他：「為什麼在別人前面插隊？」但是不會責罵他吧！

我在擔任助理教師時，經常需要管教孩子，偶爾也會忍不住發火。但是**我從猶太父母身上發現，他們在斥責孩子時，絕對不會用譴責性的話語去傷害孩子。每當必須好好管教孩子時，他們會儘量用正面的表達方式，而不是用負面的方式處理**，儘可能透過詼諧又寬容的態度來導正孩子的行為。

另一件猶太父母認為在管教時非常重要的事情是「態度一致」。即使孩子犯了相同的錯誤，可能會隨著父母情緒的不同而被不同對待。例如心情不好的父母無法控制自己的情緒，就可能會大聲斥責並且發火。我的猶太朋友勸我在管教孩子之前，若因太過憤怒、無法控制發脾氣，最好先避開，先讓自己的情緒穩定下來。不受情緒影響的管教，才能有明確的原則及標準，不會經常標準不一。父母管教的原則不隨意更改，才能具備明確的態度，而且應該要寬恕的事，也才會明快落幕。

俊宇在讀幼兒園時，某一天，午覺剛睡醒的孩子情緒非常不好，其中又以科爾感覺狀況最差。剛好科爾的媽媽為了接他放學來到了教室，但整個人顯得很煩躁的科爾，不但對著媽媽哭哭啼啼，最後還在老師和其他家長眾目睽睽之下，打了媽媽一巴掌。科爾是該地區著名的猶太拉比的兒子。我忍不住心想：「幸好她沒有火大起來回報兒子一巴掌。」

「你怎麼能在大家面前打媽媽一巴掌？你怎麼能讓我這麼丟臉，怎麼能讓爸爸的名譽掃地呢？」如果是我的話，我可能會這麼說。進一步想，要忍下湧上心頭的滿腔怒火，幾乎是不可能的事。撇開孩子的錯誤不談，父母本身要調整情緒也相當困難。難以容忍的怒火最終會變成對孩子爆發怒罵，孩子會被羞辱，自尊心也會受到傷害。

然而，科爾的母親丹妮耶拉的情緒完全未受到干擾。她握著科爾的雙手，對他說明他做錯了什麼事，為什麼以後不可以再做出這樣的行為。這是冷靜又堅決的管教。丹妮耶拉透過對話與說明來管教科爾，以不受情緒左右的一致性態度來說服孩子懂得明辨是非。當錯誤行為出現時，為了將孩子的態度轉換成良好的能量，父母的管教有必要藉著以身作則展現出來。

猶太父母認為管教孩子很重要的另外一點是，他們不希望孩子盲目服從。制定原則與規範時，父母不會單方面做決定。但他們會經由對話，讓孩子了解什麼是危險或危害他人的事，並且說明違規的代價，以及當長大之後，可能必須付出更沉重的代價。猶太父母在管教時，也會舉自己的經歷或實際案例，詳細與孩子交談，並試圖努力讓孩子理解，為什麼犯錯應該要悔改，最重要的是不要重蹈覆轍，他們傳達智慧以取代壓抑，並讓孩子自我反省。

若想改變孩子的行為或態度，父母必須先改變。想想自己是不是對無關緊要的事反應過度，或是因為其他事情感到煩躁，然後拿小孩出氣，父母必須先控制自己的情緒才行。無論如何，當看到孩子的行為逾矩時，父母必須努力扮演的角色，就是一定要好好糾正。因為如果父母不幫助孩子改正錯誤行為，最終將演變為重大問題。管教孩子時，最重要的是找出適合孩子特質、並且符合事情輕重的聰明管教法。

#38

右手處罰，左手擁抱

和解比戰爭更為重要。何況是嚴厲管教年幼的孩子之後，舒緩他們的心靈是非常重要。特別是在孩子上床睡覺之前，將他們心裡留下的芥蒂清除掉，尤其重要。

一般而言，猶太父母在孩子入睡之前不會責罵他們。即使白天發生過什麼不好的事情，也要全部拋諸腦後，快樂入眠才是重要的事。

有一句猶太人的諺語說：「以右手處罰，並用左手擁抱。」對於孩子受到責罰後受傷的心靈，猶太父母會抱抱孩子，讓孩子感受到親情。孩子若能確實感受到父母的愛，便能夠自我承諾：「嗯，我不應該再這麼做。」

或許有些父母會認為：「父母對孩子的愛是理所當然的，非得要用這麼肉麻的方式表達出來才行嗎？」對於孩子來說，父母表達出他們滿滿的關愛和親情是非常重要的。每個瞬間確實感受到信賴與親情，這將會成為一個重要的支柱，幫助孩子以正確的態度步入正途，而溫柔的「擁抱」正是表達親情的最有效方式。

我的猶太朋友蕾莫生產時，醫院在嬰兒出生後所做的第一件事，就是將嬰兒放在媽媽溫暖的懷抱裡，當時，蕾莫也教會了害羞的俊宇，如何「好好擁抱」的方法。那就是雙手將對方拉入懷中之後，心中默念十秒鐘。如此努力表現出的擁抱，是表達親密感和親情最確實的方式。

猶太父母即便嚴厲責罰了孩子，當他們斥責過後，一定會輕輕舒緩孩子的心靈。若是父母已經好好斥責過孩子，雖然沒有多做任何說明就抱抱孩子，或是說個簡單的笑話來排解孩子的情緒，孩子也會全都記住，並且知道自己今天為什麼受到責罰，以及父母想要教自己什麼。

孩子並不完美

許多父母都幻想自己的孩子是完美無缺。由於成長的環境特殊，我也期待俊宇應該像美國孩子般理直氣壯，像猶太孩子般口才辯給，像韓國孩子般彬彬有禮。父母自己都做不到的事情，卻強求孩子要達成。

如果父母都不能做到完美，孩子怎麼可能完美？完美無缺是父母的期望，也是幻想。

我只想讓自己的孩子像其他孩子一樣平凡、正常地長大。如果不太正常，只要可以讓人放心就好。那麼，什麼樣的孩子才算是有問題？

不好好吃飯的孩子、怕黑而晚上不能獨自睡覺的孩子、缺乏自信的孩子，或是剛好相反，話太多又大嗓門的孩子、會霸凌其他孩子的孩子、不論何時遭受霸凌卻只會忍耐的孩子、即便努力用功成績也不見起色的孩子等等，現代父母所認為有問題的兒童，種類竟如此眾多。

猶太父母一致認為：「判斷自己的孩子是否不正常，必須認真思考，其關鍵在於，孩子的問題是否會傷害到他人，是否會阻礙他的社會生活，以及學校老師是否會對於這個問題加以斥責等。」

因為，在許多情況下，父母是過度解釋孩子在正常成長過程中所表現出來的行為。大多數父母要求孩子做到連父母自己都做不到的事。例如，要求還不太疲倦的孩子去睡覺；要求孩子一放學回家就必須寫完作業；要求孩子即使心情不好，也不能發脾氣，應該和顏悅色說話。

父母必須明白，如此的要求無關乎完美或者正常，而是父母過度的期待。父母本身都不曾做到、也無法做到的事，不應該強迫孩子做到。在期待孩子改變之前，父母自己必須先自我改變。

許多教育工作者和心理學家均表示，成長中的孩子偶爾做出一些踰矩行為，是很正常的現象。父母應該幫助這些做了點小壞事的孩子，學習如何忍耐的方法，或是讓他們將做壞事的精力，轉移成去做別的，這才是父母應該扮演的角色。

不過，這並非意謂父母應該壓制孩子，或是訂下嚴格的規矩來管理孩子。首先，父母必須了解孩子的性向和特質，接受孩子的極限，以培養孩子可以正確立足的能力，並成為孩子強而有力的支柱。

他們搞糟了你，你媽咪和爹地。
也許不是有意，但事實如此。
他們將自己的毛病塞滿了你，

再加點兒別的，特意為你。

——英國詩人 菲利普．拉金（Philip Larkin）

這是首讓人忍俊不住的詩。由於它隱含著深意，也引發許多父母們的反思。如同這首詩所說的，雖然父母並非有意，但是他們卻可能會去做他們叫孩子別做的事。有時，父母會基於很久以前的經驗，或是曾經從別人那裡聽來的壞例子，就將孩子單純的行為擴大解釋。

在看韓國電視節目《我的孩子改變了》的時候，我總覺得像是在說自己孩子的事。即使是尋常不過的行為，一旦父母戴上有色眼鏡來看，孩子就變成了問題兒童。

父母若是幻想著擁有像「天使般完美的孩子」，將造成孩子的困境。這不就像是對於天生就有殘疾、一輩子不得不成為弱者的孩子，卻以父母的權力來支配嗎？所謂完美的這種幻想，不就是我們對孩子的過度要求嗎？

孩子不完美是十分理所當然的。

PART

6

我的猶太朋友
不會虛張聲勢

臉書創辦人祖克柏經常穿著灰色短袖T恤和帽衫，還在自己的臉書裡公開他掛著幾套相同的灰色T恤及連帽夾克的個人衣櫃。他在許多訪談與演講中闡明自己「想盡量簡單生活，把苦惱要穿什麼衣服的時間拿來專心工作」的想法。他說：「我沒有精力去浪費與思考別人對我的看法。」

他出生於一九八四年，以三十歲出頭的年齡創辦並領導著臉書這個大企業。此外，在二〇一五年十二月一日，他在分享女兒誕生消息的同時，也宣布計劃將自己持有的百分之九十九的臉書股份、約四百五十億美元捐出來作為慈善資金。雖然年紀輕輕就獲得了成功，但並不驕傲自大；身為公司的老闆，但在與一般員工相同大小的辦公室裡工作；儘管事業成功，獲得了巨大的財富，卻總是穿著同樣的衣服！祖克柏以不虛張聲勢的智慧，為了創造更美好的世界身先士卒，在我們這個時代傳達正面的訊息，他也是一個猶太人。

#39 不會虛張聲勢的智慧

我們家一搬到加州，俊宇就參加了由猶太幼兒園舉辦的夏令營。在營地裡，當俊宇的生日派對結束後，參加安息日活動時，拉比對孩子講述了一個關於「諾亞方舟裡的鴿子」的有趣故事。

諾亞根據上帝的旨意建造諾亞方舟，在將動物帶到方舟去的那一天，長頸鹿說：

「我必須最早搭上方舟。因為我的脖子最長，在方舟上我可以探查遠方。」

接著換成大象說道：

「你一定需要我。我有最龐大的身體！」

然後河馬說道：

「我最胖。而且我有最大的嘴巴！」

鱷魚隨即把嘴巴張得大大的，說道：

「我覺得你的嘴巴好像不是最大的吧？」

獅子則說：

「我是叢林之王！」

鸚鵡接著說：

「我可以跟人說話。可以和人做朋友！」

動物們湧向諾亞，各自吹噓著自己的長處。那時，諾亞詢問待在角落裡的鴿子。

「鴿子啊，你的特色是什麼？」

「我沒有什麼特別之處。我只是個平凡鴿子，如果有需要我的地方，我就會做好自己該做的事。」

鴿子就待在諾亞方舟盡頭的木筏角落。有一天，諾亞和動物們在討論要如何出去確認洪水是否已停止，曾經爭先恐後吹噓自己有多特別的動物頓時都成了啞巴，沒有一隻願意挺身而出。那時，待在方舟最末端的鴿子說話了。

「因為有人必須出去查看，我去看看再回來。」

在洪水過後四十天，鴿子銜著橄欖枝，帶回了好消息。

「和平了！我接收到了和平的訊息。有一個比以往更寬敞、更美麗的世界存在。我們在這五味雜陳的方舟裡渡過了四十個晝夜，應該可以出去了，而且也能輕易和平共處吧？我看到了彩虹！我們獲得了和平！」

上帝在挑選由誰來傳遞訊息時，陷入了苦思。

最後上帝選擇了不是體積最龐大的動物，不是力氣最大的動物，也不是最會說話的動物，而是一隻平凡的鴿子。

沒有什麼特色的鴿子。就像你我一樣平凡地存在，在合適的位置才能發現牠的重要。

注重內在、不看表相的猶太人

「面子」這種肉眼看不到的東西，像是無法以金錢衡量般的昂貴。然而，若是仔細端詳，以昂貴的金錢去購買面子的人，最後會發現，一切都是虛妄。面子，它的別名就叫「虛張聲勢」。

猶太人樸實又節儉。節儉的習慣是不浪費在虛榮上面，例如衣服、外表和飲食生活都不會逾越過度，對再小的事情都會表示感謝，着重於「內在踏實勝於外表」。

有一天，我和在加州擔任律師的猶太朋友寇特妮帶孩子一起去麥當勞。孩子一邊吃著漢堡，一邊興高采烈在一旁設置的遊樂場玩耍。寇特妮除了是個律師，也是加州地區幾所大學法學院的講師。她忠實呈現猶太人的特性，完全不花費心思打扮，外表裝扮非常隨意。

一名韓國女性與從頭到腳精心打扮的兩個女兒一起，攜帶著名牌包包，坐在隔壁桌。我們因發現對方是韓國人感到開心，很自然打過招呼後，她說她先生是美國人，並且在談話時，屢次強調她先生是白人。我不能理解在這個除非必要、否則不喜歡談論種族相關話題的美國社會，這位韓國女性一直強調先生是白人的意圖為何。而且我們在用韓文交談的過程中，我隱約感覺她輕視穿著輕便的寇特妮。

「妳朋友的先生是從事什麼工作？孩子和媽媽的運動鞋太舊了！」

我偷偷回答她：「雖然外表不太打扮，但在告訴妳她先生是做什麼的之前，我必須講，我朋友積極參與以色列慈善捐贈團體的活動，而且她本人是個律師。」

猶太人認為，太過裝飾外表，反而是在隱藏內在醜陋的行為。猶太人外表打扮雖然不華麗，但頭腦裡充滿了智慧；儘管穿著老舊運動鞋，但會為了公益慷慨解囊。他們會致力於累積實力，更勝於汲汲營營去累積經歷與資格證照。

據說羅斯柴爾德家族的納森．羅斯柴爾德雖然擁有巨大的財富，但卻都不穿紳士們流行的服飾。曾任英特爾執行長的安迪．葛洛夫、臉書創辦人祖克柏都沒有專用電梯或個人辦公室。他們儘管已經擁有了天文數字般的財富，但卻不過奢華的生活，也不會將錢花在毫無意義之處。

俊宇的幼兒園同學馬太，每天早晚由爸爸負責接送上下學。熱情的馬太爸爸格雷與我很快變成了朋友。尤其是在早上，看到馬太爸爸穿著亂亂的運動服帶著孩子來上學，我有時候也會有憐憫之情。馬太爸爸也會參加幼兒園的各種活動。

有一天我們應邀請參加馬太的生日派對，前往馬太的家。馬太的母親凱瑟琳介紹自己是一名律師。她美麗的外表加上有教養的談吐，給人近乎完美的感覺。我又跟坐在角落的馬太祖父打了招呼。他介紹自己年輕時曾在中國教英語。後來我因為參加「玩耍日」

的緣故，在馬太家與馬太爸爸有機會多談了一下。格雷說他是在普林斯頓大學攻讀政治學，也是范德堡大學法學院出身的律師，下個月開始在一間律師事務所工作。

幾天後，我在報紙上看到有關格雷家庭的報導。這是一篇採訪某律師事務所執行長的報導；該執行長對開始在律師事務所工作的格雷表達感謝之意。因為直到上個月為止，格雷還在擔任美國進出口銀行的副總裁。原本我以為馬太的祖父只是個英語老師，沒想到居然曾任美國田納西州的國會議員，而且在柯林頓政府時期，在中國擔任過駐中國大使。

我的腦海中浮現出從不在我面前擺闊、也不曾自以為了不起的格雷家庭的樣貌。曾任美國進出口銀行副總裁的格雷在日常生活中沒開過名車，也不穿昂貴的名牌服飾。這讓我一度以為，他是一個沒有工作的全職煮夫兼爸爸。

如果是我，會是怎麼表現？「我曾任田納西州國會議員，我父親曾經是駐中國大使」！我可能會在初次見面時就如此大肆宣揚。我的親朋好友之中，有人為了購買新的進口轎車而舉債；身上可以沒有午餐錢，但一定要有手機；有的年輕女性視整型手術如同感冒打針一樣；子女唸的大學可謂是自己家庭的門面；儘管銀行債務堆積如山，也一定要每年到海外旅行一次，並在個人部落格與臉書上傳照片通知親朋好友。許多人被展現自己給別人看這件事所束縛。然而，以名牌華服打扮外表的這些人，當去端詳他們的內在時，大多數是空無一物。

猶太人即使很有錢，也只會花在刀口上，不會浪費。我周圍大多數猶太人還在用掀蓋式手機，他們認為換手機的時間和金錢都是一種浪費。

我的猶太朋友亞龍和斯格列特夫婦有三個子女，擁有一輛車。在美國，無論是到學校、補習班，所有場所都必須利用汽車來移動，斯格列特等同於四個人的司機：每天早晚都要跑一趟先生工作的大學、女兒的高中、兒子的國中，小女兒的小學。雖然生活有所不便，但這對夫婦過著儉約的生活，為了孩子的大學學費與未來，他們認為儲蓄比什麼都重要。另一方面，他們對與孩子一起旅行的花費卻毫不手軟。因為他們相信，旅行經驗對孩子是最好的教育。

另一位猶太朋友大衛，則是一位成功的事業家。他捐款從不落人後，又很樂於幫助有困難的鄰居。有一天大衛去一間餐廳，看了菜單上的金額後，毫不猶豫轉身走了出去。他說他只是想簡單解決晚餐，不想花冤枉錢在昂貴的食物上；他認為凡是用於吸引別人注意力的錢，就是冤枉錢。

猶太人相信，必須從小開始教導孩子勤儉節約的習慣。一個人若沒有儲蓄習慣而且總是浪費金錢，是沒有機會聚集財富，或抓住金錢所賦予的機會。因為賺錢固然重要，但更重要的是勤儉和儲蓄。

#40 不工作的人沒飯吃

「一個國家的富強，來自於國民的勞動。」這是猶太復國主義創始者兼思想家西奧多・赫茨爾的名言。以猶太復國主義為基礎所建立的以色列，在建國之後首先推動稱為「吉布茨」（Kibbutz）的農業改革，這是一種集體農場，為「共有共享」的社會主義生活方式。猶太人非常看重不需要任何人教導、自發性的勞動價值，而他們所發現的「生存法則」，就是勞動。

某一天晚上，伴隨著閃電和打雷，下起了傾盆大雨，在變得冷颼颼的天氣裡，我到蕾莫家去喝咖啡。當我到達時，蕾莫正給出生兩個月大的二兒子餵奶，小嬰兒因無法好好吸到媽媽乳汁啼哭著，媽媽居然對他說：「不工作的人沒飯吃！」我看到蕾莫對才巴掌大的新生兒說出這麼嚴厲的話時，腦海裡不禁浮現出這個念頭：「果然是猶太人啊！」猶太人從小就被教導，想獲得什麼東西，就必須付出對等的代價。

蕾莫告訴我，在昨天雷雨交加的夜裡，她的先生德隆為了關掉灑水器（自動為草坪灑水的機器），特別冒雨出門。因為是下雨天，關掉灑水器可以節省水費與電費。我實在無法置信，一位經常動手術到很晚才回家、超會賺錢的整形外科醫生，會為了節省水費與電費，在傾盆大雨的夜晚跑出去。但是德隆從小接受猶太父母教育長大，這點辛苦根本不算是什麼。

猶太父母會讓孩子從小就分擔家務，教導孩子勞動的價值。透過簡單的勞動，孩子從小被教育要有責任感。因為他們相信，從小就培養起的責任感，可以讓孩子克服成長過程所經歷的各種逆境，並進一步產生自信心。孩子若有適當的勞動，就能瞭解自己不單單是接受來自父母的愛，也是父母所需要的人。這樣的認知賦予孩子「別人也會需要我！我也可以幫助別人」的信念。

父母並非替孩子的未來積累了許多財產，孩子的一生就會平安順遂。因為唾手可得的財產容易在領悟到其價值之前就揮霍殆盡。比起金錢，猶太父母會更用心累積智慧給孩子，因為金錢很快就會消失，但自幼時銘刻於心的智慧卻可以一生受用。猶太父母教導孩子「勞動的價值」，這樣的智慧將成為孩子披荊斬棘去開拓未來的力量。若是只要孩子平安長大，卻未培養其獨立性，導致孩子長大了也找不到適當的工作，那麼這個負擔就會完全回到父母身上。聰明的父母會讓孩子自己經歷、克服困難、接受勞動的價值，並且從中協助孩子發掘自己的能力。

最好的遺產，累積財富的智慧

在十八世紀前，以法國為首的幾個歐洲國家會將姓氏賣給猶太人。過去只有名字沒有姓氏的猶太人可用高價取得好的姓氏。沒有錢的人則只能購買具負面意義或可笑的姓氏。經濟能力決定了姓氏，後代子孫也不得不加以繼承。猶太人這種痛苦的經驗，促使金錢的必要性在他們心中深植。猶太人的理財能力便是自幼接受家庭教育的成果。

即使父母擁有很好的職業且經濟富裕，他們也不會讓孩子過得太過富足。他們教導孩子過著儉樸的生活，以及勞動的重要性；並且教育孩子就有限的金錢有效管理金錢支出。猶太父母教導孩子的所有經濟教育，都將成為孩子長大後理財的智慧。猶太人留給孩子的遺產不是金錢，而是累積財富的智慧。

美國境內的猶太人占其人口比例不到百分之二，但是他們的財富卻占美國國內總資產的百分之二十。這正是猶太人對於理財教育的結果。

猶太父母教育孩子不要成為金錢的奴隸。這不是要人無視於金錢的存在，而是不要盲目崇拜金錢，但也不能輕視金錢。猶太人有句諺語說：「擁有很多的財產，可能讓人憂愁，但完全沒有財產的人，憂愁更多。」這句話是說，錢是成就人生一切的必要工具，這點是非常重要的認知。

#41

以謙卑方式聚財的智慧

全世界有許多成功的猶太人，居住在俄羅斯、東歐、西歐、非洲等各地的猶太人，只要定居在新的地點，就會成為該社會的領導者，飛黃騰達。

我與先生在交往時期，只要談論到猶太人，大部分是跟「羅斯柴爾德家族」有關。國際金融企業家梅耶・羅斯柴爾德，是一位對歐洲政治與經濟影響既深且廣的知名猶太人。他的五個兒子在歐洲各國開設銀行，對當地政府極具影響力。最重要的是，羅斯柴爾德家族可說是以色列最強而有力的支持者。成功非凡的羅斯柴爾德家族不忘祖國，他們全力支持，這樣的舉動，更彰顯出其偉大之處。在世界各國的猶太人，他們成功的秘訣，或許可以從羅斯柴爾德以下的故事中找到答案。

梅耶・羅斯柴爾德累積了巨大的財富，與當時的奥地利皇帝弗朗茨・約瑟夫是莫逆之交。偶爾皇帝會派他的政府官員去羅斯柴爾德著名的豪華大宅。羅斯柴爾德的住所不僅是奧地利、更是全歐洲最高級的豪宅，每個人都想目睹它的美麗與氣勢。有一天，皇帝派了他的重要官員去參觀，羅斯柴爾德將所有房間都讓前來參觀豪宅的皇帝官員看，這位官員對這座金壁輝煌、裝飾華麗的豪宅感到敬畏。

但梅耶・羅斯柴爾德在經過某個房間門口時，卻未停下腳步，只是經過。因此這位官員很好奇房間裡面有什麼，希望能打開給他看。然而，梅耶・羅斯柴爾德說很抱歉，這個房間是唯一不能參觀的地方。這位官員於是問道：

「我非常好奇為什麼。我想看看這座美麗豪宅的每個角落。」但梅耶・羅斯柴爾德說「沒有辦法」後，繼續前行。結束豪宅參觀後，官員回到皇帝的宮殿並報告了自己的所見所聞。

「羅斯柴爾德的豪宅是一個超乎想像的美麗地方。但有一個地方梅耶・羅斯柴爾德說絕對不能看。」

皇帝問道：

「那是什麼地方？」

「我不知道。但是皇帝您也知道，猶太人不是擁有巨大財富嗎？也許他在房間裡有一台會製造錢的魔法機器。我認為這說不定是羅斯柴爾德成為富豪的原因。」

皇帝不確定是否該相信官員的話。因此決定派另一位官員去羅斯柴爾德家。但第二個官員的遭遇相同，無功而返。第三位和第四位也都一樣碰壁。皇帝被勾起了好奇心，決定親自去拜訪羅斯柴爾德的家。皇帝也獲得了相同的款待，當走到了禁止進入的那個房間門前時，皇帝想進去，想看看裡面有什麼。梅耶．羅斯柴爾德說：「這是唯一無法展示給您看的房間。」但是皇帝不接受，最後梅耶．羅斯柴爾德拿了鑰匙，打開了秘密房間的門。門一打開，皇帝環顧四周，被自己看到的東西嚇了一大跳：在那個小房間裡，放著一個用小松樹做成的箱子，旁邊桌子上面放著一塊白布，除此之外沒有其他物品。

皇帝問：「這些都是什麼？」

「我們猶太人對葬禮儀式非常嚴格，」梅耶．羅斯柴爾德回答。他繼續說明：「當有人死亡時，我們會用一棵非常質樸的松木製成棺木加以安葬。屍體則是用白布包裹起來。這意味著上帝創造的萬物皆為平等，無人能用昂貴的棺材或穿著奢侈的壽衣入棺。即便我們之中某些人過著無比富裕的生活，抑或在貧困中承受痛苦，但我們在死亡面前都是平等的。」

「可是為什麼要在房間裡放這些東西？」皇帝既感驚訝又非常困惑問道。

梅耶．羅斯柴爾德回答說：

「每天的行程結束後，我會來到這個房間，看看棺材和壽衣，這讓我時時記住，即使我擁有巨大的財富與權力，我只是上帝眾多的創造物之一。我就像上帝所有其他的創造物一樣，終有一天會面臨人生的盡頭。我每晚都會到這個房間，提醒讓自己要謙虛，不要自滿。」

富有到足以支配歐洲的梅耶．羅斯柴爾德是如此謙遜，皇帝驚訝得無話可說。從此以後，皇帝對羅斯柴爾德的尊重之心更勝以往，也不再質疑羅斯柴爾德的真誠與正直的人品。

優越感是從與對方的比較而起。當我聽到「大企業家」這個詞時，腦海中會浮現的是像羅斯柴爾德這般人物的生活。可是，我們會看到所謂的現代大企業家，不過自認為比別人學識淵博，擁有的更多，就不懂得為別人著想，甚至輕視別人。不只是羅斯柴爾德，我所見過的大部分成功的猶太朋友，總是未失去謙遜之心，完全配得大企業家的稱號。

充滿智慧的消費

我以前對猶太人的偏見是「用錢吝嗇又小氣」。似乎是因為在莎士比亞的《威尼斯商人》中登場的猶太人，多半是沒血沒淚的高利貸業者，這樣的形象深植我心之故。但是我的猶太朋友打破了這種成見。

猶太人很會花錢。「很會」不是指花很多錢，而是會將錢財合理運用在適當的地方。猶太人如果判斷錢是用在非花不可的地方時，就會毫不猶豫、也毫不吝嗇花錢。舉例來說，他們在為生兒育女的妻子購買有意義的禮物，或是向感恩的朋友致贈昂貴的禮物時，花錢毫不手軟。猶太人有時候也會將孩子託給保姆，自己去餐廳吃飯，條件可以的話，也會購買昂貴的機票去旅行。

當然，猶太人在生活習慣上十分勤儉節約，不會讓花費超出自己的經濟能力。他們覺得超出自身經濟能力的花費便是一種「浪費」。不過，猶太人會明確區分節儉與小氣之間的差異，他們節儉但不小氣，會保持花費的均衡。

「我幾年前不是送過你這個！不看看去年我幫了你多少忙！」有些人幫助了他人，希望聽到對方感謝的回饋。如果對方沒有表示感謝之意，就會把人生浪費在指責對方不說謝謝，但是卻沒有醒悟，自己為什麼這麼做，完全只因為別人沒和自己道謝。猶太人會在自己能力所及的範圍，積極主動幫助他人。他們若在經濟上幫助了他人，不會親口主動再提起，這也實踐了《塔木德》所說的「別人讚美我固然很好，但是不要自己稱讚自己」這句話。

#42 教導孩子關於錢財的觀念

自十八世紀後半開始的兩百五十多年間，羅斯柴爾德家族歷經七代，累積大量財富，他們也是猶太人。羅斯柴爾德家族不只住在德國，還散居英國、法國、義大利、奧地利等歐洲各地。雖然有許多關於他們的陰謀論與不為人知的故事，但是歐洲大部分歷史都與羅斯柴爾德家族有關，是不變的事實。

有句話說，「富不過三代」。那麼歷經了七代、將財富代代相傳的羅斯柴爾德家族，他們究竟是怎麼辦到的？自梅耶．羅斯柴爾德開始，整個羅斯柴爾德家族對歐洲政治經濟產生重大的影響，有著他們自己的明確哲學。

首先，如同他們的家徽（畫著大手緊握著五支箭）般，此家族強調家庭成員的團結合作。折斷一支箭很容易，但是要將捆綁成束的一把箭折斷就不是那麼簡單。這也傳達出一個訊息：羅斯柴爾德家族的五個兒子不會自以為是、彼此競爭，而是會同心協力。

其次，即使已經擁有極為可觀的巨大財富，但是他們卻不失謙遜，無時無刻致力於累積實力。

最後，由家族代代相傳而來、具猶太特色的生意經，是成就了羅斯柴爾德家族的最大武器。有些人稍微賺了一點錢就虛張聲勢，隨即浪費掉賺來的財富。如果父母是財閥，後代子孫更是享有絕對的權力，可以隨心所欲生活，也很容易散盡家財。然而，羅斯柴爾德家族至今仍然不斷努力創造更多財富，並且認為相較於創造財富，守住財富更重要，也更困難。

羅斯柴爾德家族在十八世紀後半開始展露頭角，如今並非已成過往雲煙。他們正在加緊腳步適應時代變化，現在在全球仍提供金融相關服務。此外，他們也為弱勢群體持續推動慈善事業。猶太人特有的生意經與正確的經濟教育，正是羅斯柴爾德家族的最佳資產。

在家自學的經濟教育

猶太父母從小會對子女進行經濟教育，成果可能如同樹木的果實般，需要花費長久時間。總之，猶太父母致力於從小建立孩子正確的金錢觀，以期待將來能夠結成纍纍果實。

我的猶太朋友說，經濟教育越早進行愈好。小時候，我的父母沒有讓我有機會可以接觸到錢。「跟小孩子談什麼錢？」我的父母這麼說。或許他們害怕對單純的小孩子談論金錢相關話題，會讓孩子變成勢利小人吧。他們總是教導孩子：「不用擔心錢的事，好好唸書就好！」但是，我的猶太朋友從小教育孩子必須具備正確的金錢態度。

有句猶太諺語說：「貧窮雖不可恥，但也不名譽。」人為什麼需要錢，為什麼必須重視金錢，這點必須讓孩子從小有正確的認知。住在各地的猶太人，認為值得相信的，只有智慧與財富。猶太父母也會對剛滿周歲的孩子說有關金錢的話題，還會給孩子零用錢。他們相信，長大成人再來接受金錢教育，就太遲了。「三歲定終身」這句話一樣適用於對於金錢的觀念。從小養成的錢財觀與習慣，會持續到成年，甚至終身。因此，必須從小建立良好的理財觀。

在家對孩子進行經濟教育時，父母的目標不外乎兩種，那便是培育孩子具備條理分明的用錢能力與儲蓄的習慣。剛開始對孩子進行經濟教育時，要誘導他們將手上百分之五十左右的錢，為了未來儲蓄起來；接著針對一定額度的金錢，依據什麼是必要花費的，建立支出計畫。在這個過程中，最重要的是要接受，有些東西是自己想買但無法買到的。即使是一個成年人，也不是想買什麼，就一定都可以買到。如果不懂得調整，容易變成浪費，不斷重複地浪費，最後會造成悲慘的結果，因此必須明確教導孩子從小具備調整購買慾的能力。

有些猶太朋友在孩子成長到某個階段時，會幫他們買股票，為的是教導他們什麼是股票，以及如何管理股票。若是孩子能夠學習到如何計算股票漲跌的收益，自然而然就會學習到財務管理與金融。長期擔任美國聯準會主席的亞倫·葛林斯潘，從五歲起就開始從爸爸那裡接受有關股票與債券的教育；投資之神巴菲特、金融巨鱷喬治·索羅斯也說過從小開始建立聰明的理財觀很重要。如果能確切明瞭錢究竟該用在哪些地方、何時用與如何使用，以及金錢為什麼很重要，就能為孩子在成長時具備正確的財務觀念打好基礎。

我的猶太朋友卡蜜兒，是一位金融專業律師，針對為什麼猶太人的生意頭腦發達，大富豪特別多的原因，做了以下的說明。

「猶太人從小就使用數字。在與父母、朋友和同儕對話時，習慣用數字來具體陳述，而非抽象表達。我在從事金融專業律師工作時，領悟到了這種習慣對我有很大幫助。不但更能掌握數字概念，還加快了思考和判斷速度。」

事實上，我看到俊宇的猶太同學們，從小就使用很多數字。他們不會抽象地說：「今天天上有好多雲！」而是會在說話前，先數數肉眼看得到的雲團後，說道：「俊宇啊，今天有十二團雲。昨天只有六團，一天之間增加了兩倍的雲吔！」

他們不會說「油價上揚」，而是說「上星期油價是多少，今天是多少，這段時間上漲了多少」。所以猶太人不會說「三十幾歲、四十幾歲的大叔或大嬸」，但會說出諸如三十五歲、四十二歲這樣具體的年齡數字。這些生活習慣讓數字自然被運用在生活中；他們在反覆使用數字的同時，也不知不覺間等於在接受關於經濟學的啟蒙教育。

#43 分享的意義——修補世界

俊宇：「媽媽！今天在哈達薩聚會中遇到的爺爺奶奶，他們的孫子孫女生病了嗎？所以是住在以色列的醫院嗎？」

媽媽：「沒有啊，他們在美國出生，他們的子女們也很健康地生活在美國各地。」

俊宇：「那麼今天他們為什麼要收錢，並且把錢送到以色列的醫院？」

媽媽：「他們都是猶太人，想幫助祖國以色列醫院裡需要幫助的孩子。」

俊宇：「不是自己的孫子孫女，也不是朋友，為什麼要給別人錢？」

我受到猶太朋友寇特妮的邀請，來參加這個迎接猶太光明節的慈善聚會。「哈達薩」是猶太女性復國主義（以在巴勒斯坦地區建立猶太人國家為目的的民族主義運動）慈善團體，由在美國各地的會員成立小組進行活動。寇特妮說她從小就跟著媽媽一起去參加這個聚會，參加聚會的每個人都會購買十八美元的入場券。聚會的所有收入都會轉給Sarah Westman Davidson 這所醫院。位於以色列的這家醫院，現正引領著全球醫學界邁向令人矚目的成長。這間醫院地上有二十層，地下五層樓，據說即使核彈爆炸，也照樣能進行手術。

聚會中讓我感到吃驚的是，參與者的平均年齡是八十歲。這些猶太爺爺、奶奶完成了養兒育女的責任，以分享和交流的精神，來度過人生中可能會感到孤寂的老年期。尤其是為了這個慈善聚會，每年準備飲食、準備致贈給參與者的禮物、無條件籌備聚會的伊凡與西蒙夫婦，也超過了八十歲。

俊宇與朋友阿里一起主持拍賣會，他們一個人呼叫得標者號碼，另一個人直接將禮物拿去給行動不便的老人。和第一次參加的俊宇不同，阿里相當幹練。阿里從剛出生的嬰兒時期開始，就隨著奶奶和媽媽出席這個聚會，自然相當有模有樣。

我一直認為捐獻給留學生家庭是浪費。因為學校本身有志工活動，我們周邊的朋友或熟人有困難或需要幫助時，我們也會積極給予協助。但是從來沒有人教導過俊宇，我們也必須去幫助有困難的人，即使這些人跟我們毫無關連。

寇特妮從小就跟著母親參加聚會，她的兒子阿里因為跟著奶奶和媽媽去參加，從小就學習到捐贈與分享的價值。捐贈並不是與生俱來就會，而是透過身體力行養成習慣。

孩子從小看著父母捐助他人長大，也會有一顆樂於助人與關懷的心。

從二〇一六年新年開始，全美掀起一股購買「威力彩」的熱潮。美國有一位猶太商人拉茲尼茨曾買了一萬八千張彩券給全體員工當作禮物，他在接受採訪時說：「我會準備一張彩券給你，你可以為自己的希望與夢想做好準備。」

我曾經很訝異地在報紙文章裡看到，我的猶太朋友經常對我說的話。「我希望我的孩子能夠在一個比現在更美好的世界裡成長。我也覺得有更大的責任，要留給妳和所有孩子更美好的世界。」臉書創辦人祖克柏在女兒誕生時，在臉書上發佈訊息，宣布將自己持有的百分之九十九、約四百五十億美元的臉書股份捐給社會。

我們很容易認為，把這麼多錢留給自己的孩子，才是為了子女該做的事。但是我的猶太朋友說，相較於只有自己的孩子聰明又家財萬貫，我們生活在什麼樣的世界，又跟什麼樣的人共處，其實更為重要。因此，大人應該致力於為孩子創造更美好的社會。

「修補世界」這個猶太教的思想基礎，認為完美修補上帝創造的不完整世界，是人類的任務。猶太人總是關心別人比關心自己更多，經常致力於社會貢獻，雖然僅占美國人口約百分之二左右，捐款金額卻占美國總捐款額的百分之四十五左右。

猶太人把慈善捐款視為生活的一部分。古代猶太人將捉到的牲畜獻給上帝當祭品，稱為「慈善」。羅馬聖殿被摧毀後，難以進行「慈善」，於是開始以「分享」給窮人，來實踐「慈善」。

我的猶太朋友家裡都有一個「分享箱」。孩子從小被教導什麼是「分享、慈善」。猶太人認為，慈善和捐贈不是為了對別人炫耀，更不是冀望獲得回報。

猶太人最大的目標是受捐贈對象能支撐自己。對猶太人來說，幫助別人，使對方最後能自力更生，才是最高境界的慈善。

每年主辦一次「哈達薩」慈善聚會的伊凡，是在英國長大的猶太人。她曾跟我說過自己開始分享的過程。

「我從家人和鄰居那裡獲得了很多幫助。而我去幫助那些需要幫助的人，是對我所接受過的幫助的一種回饋方式。」

伊凡從十五歲開始，就在思考如何幫助他人。她想：「我是一個不過聖誕節的猶太人，那在聖誕節時要做些什麼好？」於是她決定去地區醫院做志工，讓護士在聖誕節可以休息，由她來代替她們照顧新生兒。這位幫助別人的十五歲少女，直到八十歲時都還在實踐「修補世界」。她透過終其一生的分享，提高了自己的人生價值。

#44 心存感激的特別日子

有一天，我去猶太朋友蕾莫家拜訪，當時他們全家人都正飽受腸炎之苦。看著蕾莫好幾天都在辛苦照護著十五個月大的嬰兒、六歲的兒子利亞德，還有自己的先生，我感到十分不捨，想跟她聊聊天，給她一點力量。不過，出乎我的意料，我以為蕾莫應該是非常疲累，結果臉上卻露出笑容。因為利亞德好久沒見到我，看到我開心得蹦蹦跳跳，可是據說幾分鐘前還在嘔吐。這個受腸炎之苦的家庭，有著令人不可置信的活躍氣氛是有原因的。因為那天剛好是猶太人的「植樹節」。這一天是上帝創造樹木和植物、大家感恩大自然的日子。

「我知道猶太人有很多的節日，但是也有感謝大自然的日子？」我笑著說。

剛上小學一年級的利亞德，拿著原本打算當天在學校禮堂分享的演講稿到我面前來朗讀。

「今天是猶太人的節日『植樹節』。我想在各位面前用希伯來文與英文分享大自然的偉大。感謝上帝創造樹木和植物並賜予我們。植物和樹木提供了有用的果實與食物給我們，食物帶帶給我們健康，讓我們過著幸福的生活。」

原本我微笑看著利亞德朗讀演講稿，突然有很大的啟發。樹木、植物和空氣等大自然，一直都在我們周圍。它們為人類帶來的好處，大到無法用言語來形容。在特定的日裡，重新回顧大自然的偉大（我們可能沒想到或已遺忘），並表達感恩，能帶給人更大的幸福感與感恩之心。這個感受及感恩大自然偉大的特別日子，成為嘔吐又腹瀉、飽受腸炎所苦的一家人，戰勝疾病且繼續面帶微笑的魔法。

許多猶太節日如逾越節、吹角節、住棚節、光明節等，會讓人感到一年十二個月好短。而且各個節日都是「感謝讓我們現在得以品嚐豐富的食物，感謝讓我們得以平安且健康地生活，感謝在羅馬聖殿倒塌後重新戰鬥找回聖殿的祖先與國家，」這種紀念感恩的特別日子。這麼多的猶太節日，讓我感受到自己現在所享有的一切，是多麼寶貴且值得感恩。這種感恩之心給予我們的禮物，便是在無聊的日常生活裡感受到豐足與幸福感。

#45 無價的時間

大衛和費莉西亞是我們家最早認識的猶太朋友。大衛與好萊塢女星潔西卡・艾芭的丈夫，也就是電影製作人凱什・華倫，同為短襪品牌 Pair of Thieves 的共同創始人。他們之於我們，就像是家人般的朋友，我們家一抵達加州時，他們還從機場迎接我們，協助我們安頓下來。有一天，大衛和費莉西亞帶我們一家人到一家猶太餐廳。由於是週末下午茶時間，人潮眾多，不得不排隊等候一段時間。大衛和費莉西亞費盡心思，唯恐年幼的俊宇感到不耐煩。

大約等了一個小時左右，服務員把比我們晚到的人先帶入座。雖然我們都感到有些錯愕，但是因為在俊宇面前，大人不能夠吵架。我們又等了大約二十分鐘後，服務員才帶我們入座。大衛一坐下後，立刻以親切的聲音呼喚經理前來。他向經理簡單說明了狀況，並鄭重要求他換掉服務員。大衛對後來才走過來、面帶尷尬表情的服務員說了以下這段話。

「時間比金錢更重要。金錢無法購買時間。另外，如果你想買我的時間，你知道要花多少錢嗎？你今天付出的代價，已經是我最大的讓步了。」

大衛帶著微笑，以開玩笑似的、比平時更從容不迫的態度這麼說著。我如果是大衛，會怎麼做呢？我一定會叫服務員補償我等了一個小時的厭煩心情。

對大衛這位猶太人而言，不合理地多等五分鐘、十分鐘的時間，實在是非常可惜；但如果把時間用來對服務員發火與吵架，他覺得更不划算且沒效率。無論如何，我很難想像我的猶太朋友居然在受到不合理待遇時，還能壓下怒火，忍耐下來。但是他們認為，就連為了壓下怒火而必須消耗的能量與時間，也不能浪費。

「孩子，還剩十五分鐘！」

這是遊戲時間結束前，猶太媽媽一定會對孩子說的話。接下來媽媽會以五分鐘為單位，告知剩餘時間。小孩若想跟朋友多玩一會兒，會有效率計算並度過剩餘時間。如果有一定想要做的事，必須在時間用完之前做好計畫，因為時間是用再多的錢也買不到的東西。猶太人會提高聲量說，比金錢更有價值的東西，就是時間。

「雖然人們重視金錢更勝於時間，但是因金錢而損失的時間，卻不能用金錢來購買。」這是《塔木德》裡記載的內容。

猶太父母會讓他們的孩子過著有規律的生活。大多數美國的媽媽在孩子上學前一天會避免讓他們參加遊戲活動或派對，平時孩子在八點到九點之間上床睡覺，放學後就都知道自己什麼時間點該做什麼事，每天反覆遵守吃點心、做作業的時間，過著規律的生活。重複這樣的生活習慣，就能今日事今日畢，可以領悟時間的價值且有效率地度過，還能安排好自己的行程。

猶太朋友經常在對話中會說：「如果想有效利用時間……如果我這樣做，我可以有效運用時間……」

有些人誤以為「善用時間」就是在短時間內做很多事情。或許也有人會認為在短時間內叫孩子做東做西，就是有效利用時間。但是這時必須思考的是，孩子在那段時間失去了些什麼？

每個人都有愉悅度過某段時間的義務與權利。孩子一天到晚把時間花在參加活動和補習，就沒有時間體驗新奇、純淨和充滿無限想像的世界。就這點而言，猶太人的安息日是十分意義重大！被滿檔行程追趕著的人，可以透過安息日與家人溝通，表達感恩之情，透過休息重溫時間的意義。對於猶太人，時間是一種最有價值的存在，比不應該被浪費的金錢更重要，並且同時能讓人感受到快樂和幸福。

PART

7

猶太人
是協商達人

享有「全球首席談判大師」稱譽的赫伯．柯漢（Herb Cohen），是一位猶太人。他最好的朋友賴利．金認為，柯漢從小就展現出優秀的談判能力。柯漢著有《談判》（You Can Negotiate Anything）一書，曾擔任美國前總統卡特和雷根政府的談判顧問，並且開發出FBI的談判課程。他認為，「人生的一切都是談判的過程或結果」。所有的人生談判都涉及三個要素：時間、資訊和能力，如何運用和控制這三大要素，將事情朝向對自己人生有利的方向進行，就是一種談判技巧。猶太人徹底了解到人際關係的重要性，他們運用卓越的社交能力和適當的幽默，不論何時何地都能帶動氣氛。猶太人有句格言說：「成功不在於你知道多少，而在於你認識誰。」這意思是人際關係可能才是成功的關鍵，而非知識。那麼，猶太人是如何具備傑出的人際關係和生活談判的能力？

#46

人際關係的重要性

每當寒暑假或連續假期結束後，要再回到學校上課的那一天早晨，俊宇和我就陷入心理戰，因為平時活潑又開朗的俊宇，會變成十分寡言又緊張。連早上遇到同學打個招呼、道一聲「早安」都很吃力。俊宇說：「我只是不想打招呼而已。」此時，我總是會想，「現在不打招呼又怎樣，等他再長大一些，就會改善了吧」！幫他找各種理由來安慰自己。但是，當俊宇這樣的行為一再重複之後，我終於下定決心跟他好好談談。

「俊宇呀！你覺得人為什麼要上學嗎？」

「去學校學習英文和數學，不是嗎？」

「我們學習不僅僅只是為了唸書，也是要做更有意義的事情。你認為在學校除了坐在教室裡唸書，還學到了什麼？」

俊宇沉默了好一陣子，於是我說：

「俊宇！你去上學的話，在點心時間、午餐時間和其他上課時間，都跟其他小朋友們一起玩耍、聊天，也會和老師講話，對吧？這就是大人所謂的社交能力或社交技巧。社交技巧就如字面上的意思，是我們生活所需的技能和方法。我們可以把它當做是從小開始學習的功課！新學期和新朋友第一次談話覺得緊張，過完長假、重新回到學校，對於原本熟悉的朋友感到陌生，不只是俊宇你會這樣，媽媽、爸爸、老師，大家都會有類似的經驗。要不要試試用一種『學習的態度』，來克服那些害怕和陌生的感覺？如果從小開始持續練習的話，我們就可以學會，不論是跟任何人都可以自然地講話和打招呼。」

我忍不住回想起自己的童年。印象中，我小時候，只要誰想要跟我說話，我就會放聲大哭。我的母親忙著我送去學跆拳道和口才訓練班，我卻是覺得很討厭且百般不願意。我將自己小時候這種小心翼翼、以及用不好意思來自我武裝的往事告訴了俊宇，但如今我在身旁人口中卻成了「擅長社交的俊宇媽媽」。俊宇聽到那麼喜歡與人交流的媽媽，有如此的童年，露出了難以置信的表情。

「大部分人都曾經像俊宇你一樣，有過內心感到恐懼的時刻。不只是媽媽，還是無論何時何地總是自信滿滿的爸爸，以及老師也都是如此。就像學數學一般，學習社交技巧，並且經常練習，會比考試拿到好成績，讓人獲得更大的成就。」

猶太父母如果發現孩子天性較為害羞，會努力透過適當的培訓和關心，提高孩子的社交技巧。不過，這不是為了讓一個安靜害羞的孩子，突然變得積極外向，便不斷逼迫或施加壓力。每個人的天性不同，父母是無法強迫安靜的孩子改變自己與生俱來的特質。但是，猶太父母對於內向、社交能力明顯較低的孩子，是不會袖手旁觀。他們會試圖找到一種適合提升孩子社交能力的方法，努力讓孩子能夠多表達一點，並增加其自信心。他們在不傷害孩子自尊心、並且不會造成壓力的範圍內，尋求解決方案。

當然，解決方案是在現實生活中實踐。例如，跟孩子一起去買東西時，鼓勵孩子跟收銀員問候；去餐館時，讓孩子自己去點自己想吃的東西；從小就教導孩子跟陌生人溝通的方法；或者透過「玩耍日」來創造孩子與許多朋友一起玩的機會。

如此，即使是內向的孩子，猶太父母也會努力根據孩子自己的天性，幫助孩子增強社交能力。他們認同並尊重孩子安靜的天性，但也相信可以逐漸改變。

在韓國，所謂的「人脈」一詞，經常被認為是不公平、帶有欺騙手法的負面用語。但是對於猶太人來說，「人脈」是一項重要的技能，可以使他們達成遠勝於他們自身能力的成果。猶太人認為「人脈」是個人所能擁有的珍貴能力。而且，他們覺得為了建立良好人脈所養成的社交技巧，是人在出生以後，不斷學習和實踐所得來的，因此賦予極高的評價。以社交技巧為基礎建立的「人際關係」，其實將如我們所具備的知識或能力一樣，足以決定或改變人的命運。

猶太人相信，兒童學習社交技巧中最重要的老師，就是父母。即便父母並非刻意教導孩子建立和維持人際關係，但是會在孩子心中留下深刻的影響。如果父母不喜歡社交，那麼就很難期望孩子成為有社交能力的人。孩子會從以自我為中心的父母那裡學到利己之心，從樂於分享的父母那裡，學習到合作精神。

創造成功的關鍵

傑出的社交能力和卓越的人際關係能力，真的能夠成為決定人類命運的力量嗎？霍華．舒茲出生於一個貧窮的猶太家庭，是整個家族中第一個上大學的人。由於他喜歡運動，所以有機會取得體育績優生獎學金，不必付學費。霍華主修大眾傳播學，他的第一份工作是在一家公司擔任行銷經理。某一天，他去義大利出差途中，進去一家咖啡店看了一下，得到了一個啟發，那就是「咖啡專賣店不僅要調出最好的濃縮咖啡，也可以成為人們見面和交流的地方」。霍華之所以會有這個點子，就是因為他平常樂於與人交流，並且重視人際關係。於是，他立即規劃出一個咖啡專賣店的計畫。但是，這項計畫被公司的執行長拒絕，於是霍華德在一九八五年離職。

霍華需要四十萬美元才能實現自己的夢想。他雖然飽受挫折，但讓他重心振作的力量，就在於他喜歡並認為最重要的社交技巧和人際關係。喜歡打籃球的霍華，有一群一起運動而變得熟悉的朋友，他們之中包括醫生和商人，於是他從這些朋友身上獲得經濟支援，創造出現在的星巴克。霍華的夢想始於一個絕妙的點子，他的社交能力和人際關係，則幫助了他實現夢想。

矽谷猶太人的成功故事中，最家喻戶曉的便是謝爾蓋・布林和拉里・佩吉在車庫裡創造了Google。他們的關係從朋友開始，後來成為共同實現夢想的最佳夥伴。

「長眠於此的人，身邊總是聚集著一群比他更優秀的人物。」這是安德魯・卡內基墓誌銘所寫的話。他原本是一名普通的鐵路工人，後來之所以能夠成為鋼鐵大王，是因為他看重人際關係，並且能夠維護人際關係。

美國社會認為個人所具備的溝通能力，比起其出身的大學，更能夠決定其成功與否。我的猶太朋友說，一個人若在社交生活中無法與人溝通，將無法成功。

我們的孩子別說是交朋友，甚至連跟人建立關係的時間都沒有。他們要不是將所有時間都投注在提高成績上，就是在看電視、玩電腦、iPad和智慧型手機。在這種生活方式中，人際交往能力相對短缺。人是一種群體動物，社會是由人與人的關係所組成。因此，一個擁有良好人際關係的人，自然會成為社會的贏家。

與他人交流可以擺脫羞怯，並與陌生人建立關係。而且，若能夠因此體驗更幸福、更美好的世界，那將成為在社會生活最強大的武器。如果想要成功，我們就必須與更多人建立友好關係。我的猶太朋友當然確實了解到，友好的人際網絡是多麼重要。

#47

協商與信任

這是俊宇幼兒園放學後，他的同學科爾和他母親之間的一段對話。

「媽媽，我今晚想吃雞肉！」

「今天我們家沒有猶太潔食雞，所以我會煮蔬菜義大利麵。」

「那麼，我們在回家的路上，去猶太潔食市場買些雞肉來煮吧。」

「猶太潔食市場今天早就關閉了。」

「那麼，我們到另一個市場買鮭魚來煮。鮭魚本身就是潔淨的，對吧？然後，媽媽想吃的義大利麵，明天再吃吧。」

聽著科爾在放學途中毫不放棄、一直和媽媽協商晚餐吃什麼的對話，我不禁笑了出來。我見過的猶太孩子，不知為何很少有人是乖乖聽話、只點頭說「好」的。若以我們的文化來看，如果敢對父母回嘴，往往被當成沒有教養的孩子。但是猶太父母對於孩子提出的許多建議，不會認為是吐嘈，反而很歡迎孩子發表意見，因為他們相信孩子因此可以學會「談判和協商的方法」。

猶太人是談判達人

當有爭吵時，沒有誰比猶太人更適合當仲裁者了。我的猶太朋友都是協商和談判的高手。猶太人一直被認為是是商業技能相當發達的民族。透過歷史記錄和眾多的文學作品，的確可以找到這些證據，事實上，絕大多數掌控美國經濟的大富豪，都是猶太人，也足以證明此點。

有沙漠樂園之稱的拉斯維加斯，當地十大資本家中，包括謝爾登・阿德爾森（Sheldon Gary Adelson）在內，有九位是猶太人，另一位非猶太裔者，則是二〇一七年成為美國第四十五任總統的川普。

最受法國政壇人士青睞的雪鐵龍汽車，還有歐萊雅化妝品，也是猶太人的代表標誌。

美國對沖基金天才約翰・保爾森（John Paulson）是一位神話般的人物，二〇〇八年全球金融危機期間，他透過逆向投資賺了相當一千兩百億新台幣的錢，並將其中一部分捐給哈佛大學。當時哈佛大學的學生雖然反對接受捐贈，但還是接受校方的決定。

猶太人總是會聽取別人的意見，當對方持不同看法時，則會試圖加以說服。他們會分享彼此的想法，進一步發展成積極且具有創造性的思維。這和能夠獨自有條不紊地說話的能力，有著很大的不同。猶太人是在漫長的討論和對話的文化中，找到各種選項的談判高手。

務必遵守對孩子的承諾

猶太人在社會上獲得成功的重要因素之一，不僅只是「談判技巧」，來自周圍人士的「信任」，也扮演著重要的角色。有一天，俊宇和幼兒園朋友科爾約好周日在公園一起度過「玩耍日」。當天，我看到科爾爸爸，一位屬於傳統保守主義的猶太拉比，戴著猶太小帽並穿著傳統猶太服裝，氣喘吁吁地牽著科爾來到公園，說科爾媽媽因為流感無法出門。科爾爸爸因此提早完成了佈道，帶著兒子來公園赴約。

依照常理判斷，如果媽媽生病的話，應該取消或是延後「玩耍日」的約定即可，但是科爾的爸爸告訴我說：

「猶太人會確實教育他們的孩子必須遵守諾言。如果我今天違背了『玩耍日』的承諾，我將會讓我的兒子成為一個無法兌現承諾的朋友。我們也將成為一對未能遵守說要帶科爾去參加『玩耍日』的父母。」

猶太父母無一例外的，都徹底教育他們的孩子「必須遵守承諾」。如果你想讓孩子成為信守承諾的人，那麼最重要的就是要遵守父母對孩子的承諾。

大多數父母經常以「我明天會去做」來避免失信的危機，但是猶太朋友如果承諾明天會做，就一定會信守，如果無法遵守承諾，他們一開始就不會立下約定。

遵守諾言的猶太人在社交生活中，往往可以贏得周圍人士的信任。這種信任感在為新的關係展開時提供了更多的機會，並且對於成功的人生，至關重要。

#48

誠實道歉的方法

有一回俊宇和利亞德一起參加夏令營。夏令營結束後，他們兩個並排坐在我的車子裡，一起前往利亞德的家。因為天氣很炎熱的緣故吧，利亞德一坐上車，就開始對看起來很累的俊宇惡作劇，甚至還在俊宇的汽車座椅上塗鴉。俊宇受不了，開始發脾氣，但是利亞德的惡作劇卻越來越過火，讓俊宇氣到似乎很難控制自己的情緒。他們兩個人爭吵了好一陣子後，利亞德說道：

「你為什麼這麼生氣？等一下！我知道如何幫你降火氣。」

利亞德一回到家後，就立即衝了進去。正在跟我解釋為什麼自己會生氣的俊宇，看到利亞德的行為更火大。

不一會兒，利亞德拿著糖果和果凍走了出來，放到俊宇的手中。

「這些給你吃，不要生氣了，俊宇。」

俊宇把糖果和果凍扔到地上，變得更加生氣，場面越來越難看。不久之後，利亞德的媽媽跟利亞德說了幾句話，將他帶到客廳去。她建議利亞德自己在俊宇面前解釋，他做錯了什麼事，並且跟俊宇道歉。

「如果我承認我錯了，我擔心俊宇你會對我失望，而且會更討厭我。對不起。」

每個人都對利亞德坦率的道歉感到驚訝不已，因為他居然是擔心自己重視的朋友不喜歡他，不再跟他玩。不久之後，俊宇也對自己發脾氣感到難過而道歉。年幼的利亞德希望用糖果和果凍來化解朋友的憤怒，這種想法真是既奇特，又讓人糾心。

這一天，利亞德的媽媽蕾莫教會了他「向朋友道歉的方法」，這兩個孩子也學會了「和解的方法」。蕾莫告訴孩子說：

「朋友之間總是有可能吵架。爸爸和媽媽小時候跟朋友吵架的次數，遠比你們還多，而且吵得更厲害。但是，如果要成為真正的朋友，就必須學會如何和解。」

無論是多麼要好的朋友，在相處的過程中，有時候一不小心就會傷到彼此的心。如果不想因為一時的錯誤，破壞了雙方的關係，就要懂得儘快承認自己錯了及道歉，以真誠的態度獲得對方的諒解。學習如何好好道歉，其實是在學習未來犯錯時該如何負責，以及如何體諒對方的感受。

#49

為正義而戰的力量

我的猶太朋友斯格列特在以色列生下第一個孩子後，就因為丈夫去美國唸博士班，開始在美國生活。她的母語是希伯來語，英語是第二外語。她的大女兒伊登在小學四年級曾參加美國教育部的一個專案，這是一個針對學習能力超前的兒童所推動的課程。有一回父母們齊聚一堂等待孩子，當場有位美國父親說：

「我女兒是五年級的學生，目前參加這個專案學習六年級的課程。事實上，南美洲出身的父母親可能不能理解吧。許多南美洲人居住和聚集的社區，附近學校裡的孩子都不會說英語，只會說西班牙語。他們怎麼會對自己孩子的教育如此漠不關心呢？我女兒已經在這裡唸了一學年了，但是其他孩子還是無法跟上同年級的程度。父母的母語不是英語的孩子，學習能力總是會受限許多。問題是我們的孩子必須跟這些孩子在同一個社會中生活啊！」

斯格列特聽完這段話，簡直無法壓抑沸騰的怒火。

「你有什麼憑據說所有南美洲出身的人都是如此？我先生在普林斯頓大學的同事中，有很多都是南美裔人。而且你知道每所大學中，有多少教授是南美裔的嗎？如果你知道他們在學界提出了多少優秀的理論，恐怕會感到十分驚訝。雖然我不是來自南美洲，但是英語也是我們家的第二外語。我女兒就是在這種家庭中成長，現在是四年級。對於你五年級女兒來說，是越級一年，但對我女兒來說，是越級兩年。你只以自己所遇到的幾個人就做出以偏概全的負面陳述，這是相當不正確的。」

如果換做是我，處於如此狀況下，會如何因應呢？我會因為自己不是來自南美洲，所以覺得無所謂而自我安慰嗎？或許我會認為這是一個與我無關的事情就略過，即便我心中可能有點不舒服。在這種情況下，立即挺身跟別人爭論是非並非易事，再加上如果英語是第二外語，還要擔心自己的發音，若是你的話，是否有勇氣跟美國大叔爭論呢？

斯格列特跟我一樣，英語是她的第二外語。她原本就不是一個健談的人，而且說話帶著濃厚的希伯來語口音。但是，斯格列特認為，若為了正義辯護，這些問題都不重要。她說：

「我總是教育孩子要毫不猶豫為正義而戰。因此，如果在那個場合，我聽完那段話卻沒有挺身而出，那麼伊登會有什麼感想？當然，當時伊登並不在場，但是，如此我是這樣的母親，又怎麼能教育我的孩子要光明正大？當孩子看到一個無法堂堂正正的母親時，他們又會學到什麼呢？」

猶太民族長久以來散居世界各地，飽受欺凌。或許是因為這樣的歷史背景，讓他們有強烈的動機，教育孩子必須為了實現正義的社會付諸行動。猶太人大屠殺的倖存者、也是諾貝爾和平獎的得主艾利．維瑟爾認為：「冷漠導致人類在實際死亡之前，已經死亡。」他在著作《夜》之中，是這麼寫道：

「我發誓，當人類必須承受痛苦和屈辱之際，我永遠不會沉默。我們必須明確表態。中立只會幫助壓迫者，對受害者毫無助益。沉默賦予惡霸權力，並且不會給受苦者帶來力量。」

猶太人教導孩子面對不公不義時，一刻都不要猶豫。即使是跟自己無關的不義之事，也要挺身而出。因為他們相信，雖然現在這種不公不義不是針對自己，但是有可能會埋下不義的種子，最終還是禍及自己。因此他們教導孩子為正義而戰，試圖藉此拔除掉社會上不義的種子。一個為正義而戰的社會，就是實現我們所夢想的「不分你我，世界大同」的正義社會的起點。

二〇一五年「巴黎恐怖攻擊事件」發生之後，祖克柏在個人臉書頁面上發布了一則訊息，內容是希望並鼓勵大家為穆斯林的權利而戰，其中有一段話引起了我的注意。

「我的父母教導我，做為猶太人，我們必須抵制一切不公不義之事。即使這個攻擊現在並沒有針對我，但是這種攻擊最後將會傷害所有的人。」

祖克柏的猶太父母，傳達給他們兒子的這段訊息，讓我看了不由得產生敬意。因為我在猶太朋友身邊就經常親眼所見、親耳所聽這種猶太父母的鮮明教導。那一刻也讓我領略到這些教導的價值所在。

#50 幽默是生命成功的秘訣

父親為了拯救兒子的生命而代替孩子被捕；即將離世的父親為了難過的兒子翩翩起舞……持續不斷的槍響，以及那位父親的笑容，在在教我難以忘懷。

這是電影《美麗人生》的最後一幕。電影中這位父親，是一個猶太人，在面臨死亡的恐懼當下，依然傳達人生的幸福感給家人。這部電影描寫二戰時期納粹集中營裡的猶太人大屠殺，最後這一幕，讓許多觀眾印象深刻。

對猶太人而言，「幽默」具有特殊的意義，猶太人的幽默，與他們的歷史密切相關。猶太人過去曾飽受迫害，為了努力活下去，開始培養幽默感。幽默是猶太人忍受苦難的重要工具。基於《塔木德》所培養出的猶太式幽默，不僅是讓人開心的笑話，也是蘊藏著歷史、承繼自父母的智慧。

猶太人從小時候開始，就經常與父母自在地交談，並且熟悉父母的幽默。不論親朋好友，大家都十分幽默，所以他們是在一個最適合學習幽默的環境中成長。這種幽默也使得冷漠的氛圍變得祥和，並且讓人感到怡然自得。

「幽默孕育了我，我足以傲人的最佳能力，就是開玩笑」。這是愛因斯坦在諾貝爾頒獎儀式中說過的一段名言。猶太人並不認為幽默只是單純講笑話，而是高水準的知識產物。

幽默的希伯來語是 hopma，意思是「智慧」。猶太人認為幽默感高的人必定非常聰明。從容不迫的人一定笑口常開，懂得逗別人開心。可以用三言兩語就擄獲人心的著名演說家，大部分都是幽默感十足，而且懂得瞬間靈活運用幽默感。

事實上，我的猶太朋友無論年紀大小，或是從事什麼職業，全都喜歡幽默。在新學期開始的家長會上，他們會以最佳的幽默感來帶動氣氛。對於正要接受手術的患者，他們也會以幽默及時緩解患者的緊張情緒。不過有時候，幽默像是毫無根據的玩笑，會讓他人感到難為情。因此，如何在某個瞬間，講出符合現場氣氛的譬喻和言詞，發揮出最佳的幽默感，要比任何其他事情都要困難。

對於猶太人來說，幽默是一種不斷溝通的能力。這種幽默可以瞬間緩解緊張場面。

「我的猶太朋友在與美國總統奧巴馬見面或是會見重要的商業夥伴時，都會說些什麼？」

答案顯而易見，那就是從幽默的對談開始。能夠在面對權威人士的緊張場合，讓人一下子放鬆心情且其樂融融的，就是猶太人幽默的力量。

訪談

訪談 1

黛博拉・普魯特（Deborah Pruitt）園長

克萊爾蒙特猶太幼兒園（Temple Beth Israel and Daycare）

一、你們有別於其他幼兒園的特殊教育理念是什麼？

單純將我們幼兒園的教育理念和其他幼兒園比較是有困難的。因為美國的幼兒園有各式各樣的課程。從強調學習重要的課程，到聚焦於遊戲的課程都有。其中，最廣為人知的是採行蒙特梭利或瑞吉歐・艾米利亞（Reggio Emilia）教學法的幼兒園。我們幼兒園的基本理念則是專注於兒童個體的發展，最關注的教育方式是透過積極的態度，培養出自我價值的重要性，這也是猶太教中最重視的核心價值。

二、你們的教育方式有運用到「塔木德精神」嗎？

事實上，在幼兒教育中，直接運用「塔木德精神」的課程並不多。但是，當我們針對各種主題授課時，會鼓勵兒童有不同的看法，這種尊重每個人都有自我觀點的做法，可說是源自於「塔木德精神」。不僅是《塔木德》，包括猶太教的基本精神，都強調有自信地表達出自己的意見。這是從幼兒期開始最重要的教育核心。孩子從小學習如何發出自己的聲音、表達自己的意見，以及自然地參與討論，等到長大成人，就能夠盡情表達自己的意見，展現出自我價值。

三、據說猶太學校有許多以討論為主的課程，你們有可以培養孩子從小就進行討論的教育方針嗎？

我們幼兒園的教學課程側重於如何讓孩子願意參與，以及提供孩子表達的機會。跟幼兒期的孩子進行討論，會比其他時期更吃力，因為無法預測幼兒會有什麼樣的問題和反應。但是老師們在腦海裡都會有一個大略的主題、故事和情境，然後活潑地引導孩子參與，並且帶動討論。我們幼兒園各年齡層的孩子都有所謂的「地毯時間」（Rug Time，坐在地毯上進行教育），孩子和老師可以一起坐在地毯上唱唱歌、唸故事書或是聊聊天。在這段「地毯時間」裡，主要也會進行很多的討論。事實上，這段時間不僅是在猶太幼兒園，在所有幼兒園都是最關鍵的時刻。從在這個時段進行的交談，孩子將學習到生活態度，還有社會和道德的價值。

四、猶太教育向來以創造力為核心，在猶太幼兒園如何實現？

我們認為提供孩子各種機會來擴大他們的創造力，並且表達他們的創造力是最重要的事。幼兒教育最重要的是過程，不是結果。對於孩子來說，透過體驗和發現來培養他們的創造力，比去看著別人做出來的結果，然後依樣畫葫蘆，更為重要。創意的表達沒有正確的答案。孩子可以透過音樂、舞蹈和想像力的角色扮演遊戲來發展他們的創造力。培養創造力的關鍵是讓孩子在嘗試和想像新挑戰時感到安全，並且獲得信任。這種信任感主要是藉由父母和老師的鼓勵與支持產生。當孩子的創造力在自我感受和社會需求兩邊相互吻合時，要毫不猶豫讓孩子可以更自由想像，並且表現他們的創造力。

五、為了保存猶太傳統和民族認同感，在猶太幼兒園是否有相關的課程？

猶太教十分重視傳統文化的保存和民族認同感的鞏固。對於幼兒期的孩子，有關傳統文化的教育方式，就是藉由保持猶太人的傳統節日，一起玩各種傳統的遊戲，並且分享傳統食物，還有講述流傳已久的故事等等，讓孩子透過體驗來學習。每年我們都會慶祝猶太人的傳統節日，並且保留每週五的安息日習俗。我們在學校和家裡，都保存我們的傳統文化，藉此建立我們的民族認同感。

六、聽說猶太學校不教字母和電腦使用方法。為什麼你們不看重學習字母和電腦教育呢？

雖然我們的幼兒園也教字母，但不是使用練習本或快閃卡片（單字卡）來教育。我們讓孩子透過各種方式來接觸到字母，並且鼓勵他們在日常生活中自然學習字母。在教字母的時候，最重要的莫過於創造一個讓孩子享受學習的環境。孩子若是很開心地學會字母，就會想要讀書，並且想要理解，這將成為他們產生好奇心的催化劑。快樂地學習可以提升孩子的學習效率。對於幼兒期的孩子來說，創造出讓他們感到開心的環境且樂在其中，可說是最基本的條件。

我們不會在幼兒園教孩子如何使用電腦。因為我們認為，與其讓孩子接觸影像視頻，不如讓他們彼此交流更為重要。我們希望孩子能夠體驗到更多，並且從體驗中學習及成長。尤其是在孩子容易犯下各種錯誤的幼兒期，這才是最好的學習方式。許多猶太父母並不是為了讓孩子去學校寫作業，坐在電腦螢幕前一整天，才送孩子去上學的。我們希望孩子能夠經驗和體驗到更多東西，並且學習如何與其他孩子相處，學習到各種不同的事物。

七、你認為猶太教育是什麼？

我認為猶太教育就是《妥拉》、猶太教、歷史、傳統、文學等等的綜合。

訪談 2

柯麗・尼爾森（Corye E. Nelson）園長

納什維爾猶太幼兒園（Temple Preschool in Nashville）

一、你們有別於其他幼兒園的特殊教育理念是什麼？

我們幼兒園認為每個孩子都有各自的可能性，並且尊重他們是人類共同體的一員。老師有責任讓孩子將原本所擁有的知識或感興趣的事情，探索至淋漓盡致，並且努力讓每個孩子具備的能力，能夠與課堂上所探索或體驗到的事物連結，找出孩子的好奇心與他們所探索的周遭世界能夠整合之處。我們幼兒園特別強調讓幼兒期的孩子快樂地學習，讓孩子從遊戲中學習，包括從藝術、感官教育、統合教育、與動物相關的學習等。孩子從有趣的學習中成長，將可以提升自身所需的學習能力和人際往來能力。

二、據說猶太學校說有很多以討論為主的課程，你們有培養孩子從小具有討論能力的教育方針嗎？

傳統上，我們對於《妥拉》的內容要如何解釋，有各種不同的說明。大多數猶太人都會提出問題與質疑，並且根據不同的觀點導出結論。我們的幼兒園也鼓勵孩子對於各種現象或書本的內容提出問題或質疑。老師也會問很多問題，以幫助孩子各自找出不同的答案，並且得出自己的結論。對孩子而言，並沒有所謂的正確解答。

三、猶太教育向來以創造力為核心，在猶太幼兒園如何實現？

我們幼兒園致力於創造一種學習環境，藉由活用各種工具，或是透過藝術、文學和科學來提高孩子的創造力。我們也會收集一些孩子感興趣的範例，讓他們直接體驗看看。此外，了解孩子感興趣的事情如何進展也很重要。我們學校的教職員都持續不斷在研究如何讓孩子有效地體驗，並且展現在孩子眼前。

四、為了保存猶太傳統和民族認同感，在猶太幼兒園是否有相關的課程？

我們透過教育讓孩子對於猶太人的價值觀和傳統節日，有基本的了解。我們不僅教英語，也教導孩子熟悉希伯來語，讓孩子有機會接觸各種不同的語言。最重要的是，在每週五的安息日，我們會透過猶太人的傳統音樂和禱告，強化孩子認同自己做為猶太人的身份。我們能夠教給孩子最重要的事情就是猶太人的精神，這包括為了動物和大自然，以及我們彼此所愛好的世界和平；去幫助別人的分享精神；尊重所有的人；還有努力創造出更美好的世界。

五、許多猶太人認為幫助別人，並且與人分享是重要的社會奉獻價值。你認為幼兒期的教育對於成人之後的社會奉獻具有影響嗎？

當然，這是我們的最終目標。我們從小透過教育，讓孩子學習人生的核心價值和創造知識的過程。而且從幼兒期開始學習對社會奉獻，到了成年之後，就能夠思索出對社會奉獻的意義，並加以落實，這是我們的宗旨。我們幼兒園的孩子從小就透過各種課程，了解應該幫助弱勢團體。我們曾經推動過食物募集（募集食物的捐助行為）、尿布募集（募集免洗尿布的捐助行為）等活動，也曾經募集玩具或衣服，捐給有需要的孩子。我們的最終目標是讓孩子從小成為能夠敦親睦鄰、善體人意的人。

六、聽說猶太學校不教字母和電腦使用方法。為什麼你們不看重學習字母和電腦教育呢？

我們並不是完全不教字母，也不會強迫完全不使用電腦。但是，我們的目標是從經驗和體驗中學習，而不是依賴於解題的教育。幼兒期透過反覆的嘗試錯誤來體驗，是十分重要的事。因為透過反覆試錯的過程，可以幫助孩子發展思考的能力。當然，幼兒若能學會字母，熟悉電腦的使用方法，將有助於提升尋找出問題答案的效率。但是，人生在世為了找到複雜的解答，不能只依賴有效的方法。我們希望能夠培養孩子自己思考的能力。

七、你認為猶太教育是什麼？

猶太人教育鼓勵孩子成為具有許多好奇心和創造力的人，並且不斷尋求擁有強大的猶太人認同感。我們希望幫助孩子成長，成為對社會有所貢獻的一員。最後，猶太教育不是由老師主導的單向教育，而是以兒童為主，讓孩子思考、提出問題、喚醒自我，並發現自我。

猶太媽媽不買玩具

猶太媽媽教孩子獨立思考、問問題，有自己的主張

유대인 엄마는 장난감을 사지 않는다

作者　郭銀京（곽은경）
譯者　何汲
責任編輯　汪若蘭
內文構成　賴姵伶
封面設計　李東記
行銷企畫　許凱鈞
發行人　王榮文
出版發行　遠流出版事業股份有限公司
地址　臺北市南昌路 2 段 81 號 6 樓
客服電話　02-2392-6899
傳真　02-2392-6658
郵撥　0189456-1
著作權顧問　蕭雄淋律師
2018 年 10 月 30 日　初版一刷
定價　平裝新台幣 320 元（如有缺頁或破損，請寄回更換）

ISBN 978-957-32-8359-1
遠流博識網 http://www.ylib.com E-mail: ylib@ylib.com

國家圖書館出版品預行編目 (CIP) 資料

猶太媽媽不買玩具：猶太媽媽教孩子獨立思考、問問題，有自己的主張 / 郭銀京著；何汲譯 . -- 初版 . -- 臺北市：遠流 , 2018.10
　面；　公分
ISBN 978-957-32-8359-1(平裝)
1. 親職教育 2. 子女教育
528.2　　107014999